Symboles franco-allemands
1963-2013

Allemagne d'hier et d'aujourd'hui

Collection fondée et dirigée par Thierry Feral

L'Histoire de l'Allemagne, bien qu'indissociable de celle de la France et de l'Europe, possède des facettes encore relativement méconnues. Le propos de cette collection est d'en rendre compte.

Constituée de volumes facilement abordables pour un large public, tout en préservant le sérieux et l'érudition indispensables aux sciences humaines, elle est le fruit de travaux de chercheurs d'horizons très variés, tant par leur discipline, que leur culture ou leur âge.

Derrière ces pages, centrées sur le passé comme sur le présent, le lecteur soucieux de l'avenir trouvera motivation à une salutaire réflexion.

Dernières parutions

Ralph KEYSERS, *Der Stürmer, instrument de l'idéologie nazie*, 2012.

Marie-Laure CANTELOUBE, *Anna Seghers et la France*, 2012.

Jacques MEINE (sous la dir. de), *Edmond Vermeil, le germaniste (1878-1964). Du Languedocien à l'Européen*, 2012.

Evelyne BRANDTS, Rainer RIEMENSCHNEIDER, *Déchi-rures culturelles, expériences allemandes. Les rapports de civilisations dans l'œuvre de Catherine Paysan,* 2012.

Didier CHAUVET, *Le nazisme et les Juifs. Caractères, méthodes et étapes de la politique nazie d'exclusion et d'extermination,* 2011.

Ralph KEYSERS, *L'intoxication nazie de la jeunesse alle-mande*, 2011.

Hanania Alain AMAR, *Arthur Koestler, La rage antitotalitaire, Essai*, 2011.

Titus MILECH, *Le lieu du crime. L'Allemagne, l'inquiétante étrange patrie*, 2011.

Laura GOULT, *L'enlèvement d'Europe. Réflexion sur l'exil intellectuel à l'époque nazi*e, 2010.

Jacques DURAND, *Le roman d'actualité sous la République de Weimar*, 2010.

Thierry FERAL, *Le « nazisme » en dates, novembre 1918-novembre 1945*, 2010.

Andreas Rittau

Symboles franco-allemands 1963-2013

Construction d'un champ transnational

L'Harmattan

5-7, rue de l'Ecole-Polytechnique, 75005 Paris

http://www.librairieharmattan.com
diffusion.harmattan@wanadoo.fr
harmattan1@wanadoo.fr

ISBN : 978-2-296-99598-7
EAN: 9782296995987

Prologue

Insertion des symboles franco-allemands : 2013

Se saisir, avec opportunité, du cinquantenaire du symbolique Traité de l'Elysée a conduit à mettre en lumière et faire converger des études autour du symbole et des représentations symboliques franco-allemands allant de l'antagonisme jusqu'à l'émergence d'un *champ transnational*.

Mais cette perspective positive ne va pas sans aléas. Des désaccords entre l'Allemagne et la France resurgissent à nouveau dans l'actualité et la presse au moment où l'on s'y attend le moins : « la peur réciproque est plus ancienne que l'amitié mutuelle »[1]. Il est vrai que les fluctuations actuelles entre l'Allemagne et la France sont déconcertantes.

Assurément une propension générale a tendance à s'arrêter trop exclusivement sur le registre économique dont le franco-allemand se fait largement écho[2] : mais barèmes, chiffrages, pourcentages, soumis à une évaluation constante, selon des critères bancaires, ne sont pas productifs pour un partenariat qualitatif. Géant d'un côté, déclin de l'autre, il s'agit d'aller au-delà de ces *leitmotivs* de manière à poursuivre le chemin original entrepris depuis 1963.

Et au-delà de l'économique, les références culturelles ne peuvent s'absenter du débat : la notion de symbole contribue à refaçonner l'espace commun.

Symbole et représentation

Les symboles collectifs se rattachent à un savoir à dimension culturelle. Les objets, les lieux, les gestes, les actes peuvent devenir symboliques dès lors qu'ils visent un sens les dépassant, engageant ainsi un prolongement et un approfondissement au-delà de leur signification initiale. Toute activité humaine peut être régie par le principe d'une forme d'expression symbolique : les énergies intellectuelles,

---

[1] Maxim Leo, « France-Allemagne, couple ou rivaux ? », dans : *Le Monde*, 16 décembre 2011.

[2] Cf. Jacques-Pierre Gougeon, *France-Allemagne : une union menacée ?*, Armand Colin, 2012.

spirituelles de l'homme se manifestent nécessairement dans des configurations significatives puisque les perceptions de la conscience humaine ne font sens que dans une cohésion globale organisée. Selon Cassirer, l'homme vit dans un réseau symbolique sans cesse renouvelé, constitué par la langue, les mythes, l'art, les religions et les techniques[3]. En fait, tout support peut devenir symbole : personnes, qualités, monuments, paysages, lieux, etc. Nombre de symboles se muent, par l'usage, en folklore national ou en produit commercial représentatif d'une culture donnée (spécificités culinaires).

Pour plus de précision, reprenons une approche du symbole et de son mode d'agissement donné par Cassirer lui-même : « le symbole vise à recouvrir la totalité des phénomènes dans lesquels se présente, de façon ou d'autre, un remplissement par le sens du sensible, c'est-à-dire dans lesquels un phénomène sensible se représente en même temps comme particularisation et comme concrétisation, comme manifestation et comme incarnation d'un sens »[4]. Le symbole est un support condensé de significations qui relie des groupes humains entre eux et qui exprime à la fois leur identité et leur expressivité. Il suscite un point de ralliement à un *réceptacle concret de sens* capable d'entrainer dynamisme mental et complexité unificatrice afin de relier l'individuel à l'universel[5]. Le fonctionnement du symbole relève, comme l'a dit, pour sa part, Gilbert Durand[6], de l'imaginal, c'est-à-dire d'associations analogiques mentales dont certaines appartiennent au collectif (par exemple de générations) et d'autres au vécu personnel.

Une distinction est toutefois à opérer entre les *symboles* et les *représentations*. La représentation sociale implique toujours

---

[3] Cf. Guido Kreis, *Cassirer und die Formen des Geistes*, Suhrkamp, 2009.

[4] Ernst Cassirer, *La philosophie des formes symboliques. La phénoménologie de la connaissance,* Editions de Minuit, 1972, p. 112.

[5] Cf. Jean Chevalier, « Introduction », dans : Jean Chevalier, Alain Gheerbrant, *Dictionnaire des symboles,* Robert Laffont, 1996, pp. V-XXXII.

[6] Cf. Gilbert Durand, *L'imagination symbolique*, Puf, 2003.

un référentiel[7] qui certes est transformé, déformé tandis que le symbole, lui, entraîne une réactivité de toute la personne par une adhésion qui occasionne des retombées en une inventivité agissante, intersubjective, créative, évolutive appelée *efficacité symbolique*[8]. Coupler les deux notions revient à réunir aussi bien des éléments appris, plus codés ou plus statiques (comme les emblématiques), que des types de perception laissant, au contraire, un plus large espace à l'expression imaginaire personnelle et collective.

De l'imaginal antagoniste à l'entente cordiale

De même, les relations franco-allemandes, comme tout échange, se construisent sur des représentations positives, négatives, inventives ou stéréotypées. Dans l'histoire contemporaine, le franco-allemand a débuté par des perceptions idéalisées (Mme de Staël), évoluant vers des antagonismes (1870) illustrés par des images symboliques d'opposition traduite dans les faits par une obsession de la ligne frontière linéaire revendiquée, déplacée, fantasmée… .

L'histoire récente a donc été marquée par deux stades concomitants, l'un de fascination, l'autre de rejet, suivis d'une acceptation fraternelle (1963). Ces dispositions ont donné naissance à de nombreux symboles, à des images à la fois mentales et réelles elles-mêmes souvent devenues des clichés fréquemment utilisés. Le profil de l'Allemand en France et du Français en Allemagne a d'abord été intériorisé, à partir de 1870, par la figure de 'l'ennemi'. Les constructions symboliques de l'Autre seront ensuite élaborées sur la base de ce substrat culturel, de part et d'autre du Rhin, lequel substrat

---

[7] Cf. Denise Jodelet (sous la direction de), *Les représentations sociales*, Puf, 2007. La notion de représentation est « à la fois performante et suffisamment large pour cerner les évolutions mentales franco-allemandes » (Stéphanie Krapoth, *France-Allemagne : représentations réciproques. Manuels scolaires et journaux satiriques, de 1918 au milieu des années 1960*, Editions universitaires européennes, 2010, p. 12).

[8] Cf. Pascal Ory, « Pour une histoire des politiques symboliques », dans : Pascal Ory, *La culture comme aventure*, Editions Complexe, 2008, p. 83.

va traverser toutes les différentes représentations émises. Ainsi, des images du soldat valeureux ou victime montrent la lutte acharnée pour la Mère-Patrie. C'est la plus répandue et la plus marquante des représentations symboliques, jusqu'au renversement de situation d'après 1945 qui a conduit à la construction du franco-allemand que nous connaissons aujourd'hui. Les représentations se retournent alors et célèbrent le rapprochement sous ses formes les plus diverses, de la plus immédiate qui consiste à mêler les couleurs des deux drapeaux, jusqu'aux plus complexes en projetant, sur le bâti de l'édification transnationale, la « vie de couple » avec tous ses aléas : désir de rapprochement, hauts et bas, démonstration, dynamisme modèle, enfin repère systématique pour les médias et les sites Internet : comment un geste aussi banal que celui de se tenir par la main a-t-il pris une ampleur telle et aussi durable, jusqu'à atteindre les proportions que l'on connaît ? Force est de constater que le 'couple', le 'moteur' sont bel et bien devenus des références franco-allemandes qui favorisent une acceptation que, justement, ce genre de symbole montre sans cesse en mouvement, en marche, ou encore en construction perdurante.

Si le symbole a bien réussi à créer, par cette aura de références, une perception partagée par tout public, il articule également des initiatives de plus en plus nombreuses pour contribuer au rapprochement des deux nations. On peut y ajouter encore une autre fonction qui est celle de dégager un espace spécifique dit *d'expression franco-allemande*, comprenant de nombreux volets dans les domaines les plus variés du socioculturel et du politique autour de dates, d'étapes cruciales. Ainsi la figure du 'couple' par exemple, a entraîné peu à peu un approfondissement du sens des relations franco-allemands, accessible au plus grand nombre ; elle comprend une part de mise en spectacle rassembleur, et légitime l'ensemble des activités. Alors, mémoire et projection dans le futur s'affirment dans une unité stabilisée : « les valeurs de paix, de démocratie, de justice, d'équité et d'amitié sont aussi catalysées dans la notion de couple franco-allemand et contribuent à véhiculer auprès du plus grand nombre les idéaux de l'Europe »[9].

Le transnational

En arriver à ce stade, maintenant bien établi, a demandé avant tout des initiatives et même une véritable inventivité, comparable à ce qui a été avancé au sujet de la naissance d'une nation, comme étant « une invention réussie élaborée sur une table de travail »[10] ou comme étant « le moment où une poignée d'individus déclare qu'elle existe et entreprend de le prouver (...) dans le cadre d'intenses échanges internationaux »[11]; ce processus est aussi valable pour la constitution du champ spécifique franco-allemand transnational, bien qu'à une tout autre échelle.

En définitive, il a donc fallu construire ce domaine en se servant de ce qu' Anne-Marie Thiesse appelle « le système Ikea » de construction des identités (nationales) à partir « du caractère prescriptif d'une 'check-list' identitaire qui permet des montages tout différents à partir des mêmes catégories élémentaires appartenant maintenant au domaine public mondial »[12].

Ces catégories en vue de l'édification d'un domaine franco-allemand, pour qu'il soit reconnu, comprennent des mythes fondateurs (Adenauer et de Gaulle), symboles, activités, échanges, déclarations communes mais aussi études, analyses et commémorations rajeunies : les fameux *lieux de mémoire* se sont réinventés en commun à travers des scénarios innovants (Verdun), faisant perdurer le passé en le renouvelant par des expressions symboliques mutuelles qui englobent une part

---

[9] Chrystelle Nourry, *Le couple franco-allemand : un symbole européen,* Bruylant, 2005, p. 217.

[10] Hagen Schulze, *Staat und Nation in der europäischen Geschichte*, Beck, 2004, p. 183.

[11] Anne-Marie Thiesse, *La création des identités nationales,* Seuil, 2001, p. 11.

[12] Thiesse, *op. cit.* p. 14.

d'émotion changée en persuasion identitaire transnationale. Tout l'ensemble de ces scénographies réclame, à chaque fois, des organisations et des initiatives imaginatives concrètes aussi variés qu'une cérémonie officielle, une rencontre, un livre, des échanges de groupes, des agendas communs (2020) qui toutes laissent une marque dans le sens d'une réassurance concertée du domaine franco-allemand désormais fondé à part entière, instauré sur des bases solides à l'issue de nombreuses démarches qui n'allaient pas de soi au départ, même si les esprits étaient favorables à un rapprochement transnational au niveau européen[13].

Symbolique politique

Plus encore, le succès engendré par ce qu'il faut appeler un *secteur franco-allemand*, réside dans l'action de mise en place d'une symbolique politique. Les déroulements des scénarios symboliques ont été orchestrés en vue de conforter une cohésion identitaire binationale qui réussisse à faire dépasser, dans ce cas, les liens étroits de la nation vers cette cohérence identitaire plus large, intersubjective entraînant intérieurement dans les publics une large adhésion sous-tendant en arrière-fond la dimension européenne. Pour Lucien Sfez « le politique est spécifiquement affaire de légitimité, c'est-à-dire de croyances et de mémoires validées, en d'autres termes de symboles » [14] qui servent à structurer la politique mise en œuvre. Les relations franco-allemandes s'en nourrissent aussi et servent ainsi de modèle pour l'intégration européenne. Les faits, les données sont retravaillés en fonction de la politique voulue. Evidemment, la France et l'Allemagne ont « adapté leur propre histoire à ce schéma [du binational] et ont conçu et utilisé à cet effet le matériel narratif, iconographique et graphique nécessaire ». De plus, ces matériaux-supports « ne sont pas

---

[13] Cf. Hélène Miard-Delacroix, *Le défi européen de 1963 à nos jours*, Presses universitaires du Septentrion, 2011.
[14] Lucien Sfez, *La symbolique politique*, Puf, 1988, p. 14.

seulement l'expression d'une culture politique, ils sont aussi des outils pour une politique des symboles »[15].

Or, le recours à la symbolique au sein du politique permet aussi d'unifier les sociétés fragmentées ou trop refermées : « les images symboliques sont bien cette surface de projection livrée aux interprétations singulières, surface qui a le double objectif d'induire des liaisons avec des éléments épars, et de les condenser en un point »[16], et donc, dans notre cas, de déboucher sur une focalisation franco-allemande rendue possible par les valeurs et références communes préexistant depuis longtemps. De nouveaux objets d'enracinement réparateurs, 'moteurs' et dépassants ont été amenés par ce même biais. Des images d'abord étonnantes se fixent et mettent à jour de nouvelles pensées qui puisent cependant dans des archétypes (couple) pour se réactiver dans un pouvoir ressenti comme plus fraternel, plus adéquat à notre temps et auquel on incline à donner son accord pour se projeter dans l'avenir.

Mémoires et commémorations actualisées : 22 janvier 2013

Le présent livre poursuit la volonté de réinscrire cette thématique du franco-allemand pressentie dans l'optique du symbole et des représentations symboliques, du renversement de tendances de l'hostilité à l'échange constructif et à la prise de conscience des anciennes représentations regardées d'un œil neuf. Il trouve une place adéquate dans le contexte des manifestations qui accompagnent la célébration du cinquantenaire du Traité de l'Elysée, date majeure pour l'angle de vue symbolique ici retenu. Les exemples réunies dans ce livre cherchent à circonscrire l'éventail de ce franco-allemand

---

[15] Ulrich Pfeil, « Mythes et tabous des relations franco-allemandes au XXe siècle », dans : Ulrich Pfeil (Hrsg.), *Mythen und Tabus der deutsch-französischen Beziehungen im 20. Jahrhundert*, Peter Lang, Bern, 2012, pp. 273-280, ici pp. 273 et 275.

[16] Sfez, *op. cit.*, p. 3.

autour du nœud transnational symbolique, essayant de le faire mieux reconnaître dans sa dynamique propre[17].

La construction mémorielle ne se fige jamais. Au contraire, elle se réaménage sans cesse à partir de notions de plus en plus diversifiées qui en orientent le sens, sans l'effacer mais en l'adaptant. Elle se décline aujourd'hui en mémoire culturelle et mémoire communicative[18]. Le contexte redéfinit la tablature des faits en les relayant par une trajectoire mentale qui en révèle les/des faces cachées, lesquelles interrogent inexorablement les générations montantes. On est passé des monuments aux morts installés dans chaque commune après 70/18/45 aux actes symboliques autour de la réconciliation, c'est-à-dire la réalisation d'actions en commun, en attendant d'autres développements à imaginer pour l'avenir.

Les cheminements de l'accès à la mémoire deviennent ainsi toujours plus diversifiés, se complexifiant et se pluralisant par l'inscription dans des réseaux interculturels comme le franco-allemand. Plus largement, « toute culture » n'est-elle pas « avant tout mémoire ? C'est l'histoire indéfiniment reprise de l'autrefois que les hommes se racontent afin de produire une identité sociale et qu'ils ne cessent de transformer pour faire adhérer le passé à leur conception d'eux-mêmes dans le présent

---

[17] Il ne sera pas question dans le cadre de cet ouvrage de revenir sur la définition du symbole : Michel Pastoureau en historien distingue le symbole et l'emblème tout en concédant que « la frontière qui les sépare est perméable » et que « bien des emblèmes sont aussi des symboles » (*Les emblèmes de la France*, Editions Bonneton 2001, p. 8) ; Lévi-Strauss, en anthropologie, lie symbole et structure en systèmes, Sigmund Freud privilégie le point de vue personnel, C. G. Jung développe la notion groupale dans les archétypes, Gilbert Durand s'intéresse à la recherche de lois pour l'imaginaire humain, Todorov procède à une mise au point purement linguistique. Il n'est pas dans notre objectif de rentrer dans une mise au point sur le symbole ou la place du symbole dans les sciences humaines, mais de reconnaître qu'il fait figure d'identifiant collectif et d'interprétant en produisant des variations polysémiques de réactivité pour une lecture avertie.

[18] Cf. Jan Assman, *Das kulturelle Gedächtnis*, Beck, 2007.

et vers l'avenir »[19]. Gérard Namer évoque même une « pluralité de temps différents » que « le sujet historique porte en lui »[20]. Plus largement encore, la mémoire a été également approchée par Paul Ricoeur comme « matrice d'histoire dans la mesure où elle reste la gardienne de la problématique du rapport représentatif du présent au passé »[21], une mémoire réfléchie.

Il est vrai qu'on est passé dans le champ franco-allemand de l'hostilité à la repentance, puis à la réalisation d'actions en commun en accord avec les exigences de la nouvelle décennie du Traité franco-allemand de l'Elysée. L'idée est que « la mémoire devient franco-allemande si elle réussit à allier les souvenirs français et allemands, quand tous les groupes y prennent part »[22], c'est-à-dire quand chacun préserve une composante de l'autre.

*

L'approche symbolique renouvelle l'ensemble de l'appropriation du champ franco-allemand en lui conférant profondeur et horizon, sens et perspectives : nombreuses sont les zones où le symbole peut encore s'exercer et qui poussent à se réinterroger sans cesse sur les faits comme sur leurs représentations sociales, politiques, culturelles et interculturelles. Le symbole décante et met à jour les habitus, les tournures d'esprit politiquement correctes, les sillages installés par des personnalités politiques de premier plan. Il constitue un principe de concordance cherchant à relier les deux

---

[19] Laurence Dahan-Gaïda, « Introduction », dans : Laurence Dahan-Gaïda (dir.), *Dynamiques de la mémoire. Arts, savoirs, histoire*, PuFC, 2010, pp. 9-22.

[20] Gérard Namer, « Réflexion sur la sociologie du temps de Maurice Halbwachs », dans : Bruno Péquignot (sous la direction de), *Maurice Halbwachs : le temps, la mémoire et l'émotion,* L'Harmattan, 2007, p. 57.

[21] Paul Ricœur, *La mémoire, l'histoire, l'oubli,* Seuil, 2000, p. 106.

[22] Thomas Keller, Jean-Marie Guillon, « Du lieu de migration au lieu de commémoration - du lieu de commémoration au lieu de migration », dans : *Cahiers d'études germaniques*, n° 53, 2007, p. 12.

versants en présence en une seule visée : une ligne de crête qui ne s'appuie pas uniquement sur un registre économique trop souvent évoqué pour souligner les différences ou pour départager les deux pays.

1. Les symboles franco-allemands 1963-2013

Perdurance et renouvellement de la mémoire commune : les symboles franco-allemands

Introduction

Si de nombreuses études ont déjà été consacrées aux symboles nationaux respectifs en France[23] comme en Allemagne[24], très peu se sont penchées sur les symboles communs franco-allemands actuels pourtant existants et très nombreux. C'est surtout l'ouvrage *Allemagne-France, lieux et mémoire d'une histoire commune* qui marque un très vif intérêt pour ce sujet en récapitulant les différents lieux de commémoration franco-allemands et leur actualisation : Verdun, Versailles, Strasbourg, Reims, Aix-la-Chapelle, autant de lieux d'expression devenus canoniques de la construction de la réconciliation franco-allemande. Le but de ce livre est de réunir les symboles écartelés par les guerres : pour les uns, « Versailles et sa galerie des Glaces est le lieu de la proclamation de l'Empire allemand. Pour les autres, c'est celui de la grandeur retrouvée et du Traité de Versailles. Rares sont ceux pour lesquels ils sont l'un et l'autre à la fois »[25]. Outre cet ouvrage, le tome récent « Lieux de mémoires franco-allemands » des *Cahiers d'études germaniques* élargit les références à d'autres lieux de mémoire comme la ville de Göttingen (de Charles de Villers à Barbara), Sarrebourg, le camp des Milles, la Montagne Sainte-Victoire, où « se rejoignent les deux mémoires française et allemande » et qui du

---

[23] Par exemple Maurice Agulhon, *Les métamorphoses de Marianne, l'imagerie et la symbolique républicaines de 1914 à nos jours*, Flammarion, 2001, ou Michel Pastoureau, *Les emblèmes de la France*, Editions Bonneton, 2001.

[24] Par exemple Stiftung Haus der Geschichte der Bundesrepublik Deutschland, *Flagge zeigen ? Die Deutschen und ihre Nationalsymbole. Begleitbuch zur Ausstellung* (du 5 décembre 2008 au 13 avril 2009), Kerber Verlag, 2008, ou Herfried Münkler, *Die Deutschen und ihre Mythen*, Berlin, Rowohlt, 2009.

[25] Horst Möller et Jacques Morizet (sous la direction de), *Allemagne-France, lieux et mémoire d'une histoire commune*, Albin Michel, 1995 (en allemand : *Franzosen und Deutsche. Orte der gemeinsamen Geschichte*, München, Beck, 1996), p. 10.

même coup génèrent « une dynamique interculturelle »[26]. Rechercher et repérer des symboles communs, en essayant de les analyser systématiquement, représente donc un terrain d'étude encore neuf.

Le symbole est un support culturel universel et l'un des constituants de toute culture. Cette base formelle peut se déployer de la référence au *mythe politique* (héros fondateur ou réussite industrielle technique) aux *emblèmes-allégories* (le drapeau), en passant par les *lieux de mémoire* (*de savoir*) et leurs *rituels* jusqu'aux *objets culturels* pour achever son parcours dans le *stéréotype* (activité ou produit « mythologique » qui devient stéréotype par usure). Le recours à la notion de symbole permet ainsi de constituer un champ plus large autour des échanges franco-allemands (au-delà des lieux de mémoire) et peut associer des éléments pris dans des échelonnages, différents en apparence, mais pourtant reliés dans une unité de sens à l'intérieur de laquelle gravitent certes des variations. Le symbole libère ainsi du cloisonnement des disciplines en « conférant une cohérence à une multitude de phénomènes non directement corrélés entre eux »[27] ouvrant à une prise de conscience de l'interdépendance des différents facteurs.

Par conséquent, les lieux symboliques franco-allemands n'ont pas à être isolés ou détachés des autres aspects de la présence du symbole franco-allemand : les lieux de mémoire sont complétables, par exemple par le domaine des *emprunts lexicaux* réciproques, lisibles comme un système d'ouverture/fermeture d'une langue-culture à l'autre[28]. Les *lieux*

---

[26] Thomas Keller, Jean-Marie Guillon, « Du lieu de migration au lieu de commémoration - du lieu de commémoration au lieu de migration », dans : *Cahiers d'études germaniques*, n° 53, 2007 (Lieux de mémoires franco-allemandes, Etudes réunies par Thomas Keller), p. 8.

[27] Françoise Lartillot, « Du mythe aux histoires 'symboliques', la méthode Elias », dans : Françoise Lartillot (Coord.), *Norbert Elias : Etudes sur les Allemands*, L'Harmattan, 2009, p. 18.

[28] Cf. par exemple Antoine Berman, *L'épreuve de l'étranger. Culture et traduction dans l'Allemagne romantique*, Gallimard, 1984.

de savoir et d'échanges s'ajoutent aussi aux *lieux de mémoire* bien connus. Enfin, les *images* répandues dans la presse, en particulier la plus célèbre, celle du « couple », « moteur » de l'Europe, se rattachent aussi aux autres points énumérés. C'est donc tout un domaine qui se dégage à part entière. Ces symboles se réactualisent sans cesse. Ils peuvent encore, dans l'ensemble, être classés comme relevant de la *langue*, des *lieux* et de *l'image concrète*.

Cette contribution cherche à développer un champ de symboles franco-allemands allant de la langue-culture aux images en passant par le repérage spatial des lieux de mémoire et de commémoration afin de montrer, en élargissant les études existantes à de multiples échelles (lexique, lieux, images, objets, quotidien), combien la *mémoire collective évolue et se renouvelle, tout en perdurant*. Elle ne cesse d'être régulièrement alimentée par les nombreuses occurrences déjà existantes qui continuent de s'élaborer comme des véhicules favorisant l'ouverture européenne.

Histoire interculturelle symbolique

Le démarrage d'un nouvel intérêt pour l'explicitation des symboles est parti de l'orientation théorique de Pierre Nora (*les lieux de mémoire*), combinant mémoire et repérage culturel dans l'espace, qui réinterroge les lieux de trois points de vue : concret, à savoir un lieu précis offert à l'expérience, symbolique en rapport avec le souvenir et construit intellectuellement. Le vécu intervient comme phénomène toujours actuel grâce au recours au symbole qui ménage « un reste d'identification vécue »[29]. Du côté allemand, ce sont Etienne François et Hagen Schulze qui ont pris en charge la direction des *Mémoires allemandes*[30] qui ne se superposent pas aux lieux de mémoire de

[29] Pierre Nora, « Présentation », dans : Pierre Nora (sous la direction de), *Les lieux de mémoire*, Quarto, Gallimard, tome 1, 1997, p. 20.

[30] Etienne François, Hagen Schulze (sous la direction de), *Deutsche Erinnerungsorte*, 3 tomes, München, Beck, 2003.

Pierre Nora car le substrat d'appui n'est pas le même[31]. Mais pour les deux ouvrages, en France comme en Allemagne, l'accueil a dépassé les attentes. Il s'agit d'une mutation de méthode qui correspond à une autre approche des réalités historiques.

A ces lieux, visant des monuments historiques et culturels (matériels ou immatériels), se sont ajoutés des repérages des lieux du quotidien et des échanges, développés principalement dans des études s'intéressant en particulier aux lieux urbains comme les cafés, les jardins publics, les gares et les rapports de signification à leur usage fréquent (ceci également dans un cadre franco-allemand[32]). Il s'agit là de lieux d'identité collective qui ont leur spécificité propre et constituent une extension de l'histoire vers l'*histoire culturelle* et même *immédiate* comme une extériorisation de l'identité. D'une manière plus générale, c'est Pascal Ory qui a vulgarisé le recours aux procédés symboliques par le développement de l'histoire culturelle en affirmant comme agissante *l'efficacité symbolique*. Il a donc été conduit à porter davantage d'attention aux formes (signalétique, rituels, spectacles). Par ce rapport plus étroit aux formes, le lien social est entretenu et ménage des conditions d'émergence de nouvelles valeurs par un double jeu de complexification des objets culturels et de spectacularisation de la vie politique en raison de l'amplification du pouvoir des médias, faisant apparaître progressivement une « logique du for

---

[31] La France se réfère avant tout à l'Etat-nation qui est capable de dégager immédiatement une géographie mentale générale. Quand il s'agit de l'Allemagne, la superposition entre réalité culturelle, imaginaire et réalité territoriale ne se consolide pas de la même manière car « l'Allemagne s'est longtemps définie plus en référence à la langue et à la culture qu'à l'Etat et au territoire » (Etienne François, « Mémoires divisées, mémoire partagées : à la recherche des mémoires allemandes », dans : Etienne François et Hagen Schulze (sous la direction de), *Mémoires allemandes*, Gallimard, 2007, p. 11).

[32] Cf. par exemple Brigitte Krulic, *Europe, Lieux communs, Cafés, gares, jardins publics…*, Autrement, 2004.

intérieur » à la place de l'assurance « logique de l'autorité »[33]. Bien entendu, tous les lieux ne peuvent pas gagner le statut de foyers interculturels[34]. Mais les anciens lieux déjà reconnus ne doivent pas non plus minimiser le surgissement de nouveaux comme, par exemple, celui de Sanary-sur-Mer (pendant la dernière guerre mondiale : village qui s'est changé en refuge culturel, « interculturel »[35]). Il ne suffit pas en effet de réemprunter les chemins, il faut aussi les prolonger (Sanary→ café Titon à Paris). Donc, si « tout élément de l'héritage ne devient pas un lieu de mémoire, tout épisode mémorable ne devient pas un passage obligé de la mémoire », inversement, force est de constater que des « objets improbables dessinent les contours de lieux de mémoire nouveaux »[36].

Il est par conséquent réducteur de fixer uniquement tout le symbole dans des lieux si prestigieux soient-ils : des objets culturels même humbles peuvent eux aussi acquérir le statut de support symbolique de référence culturelle collective d'un moment donné. Par exemple pour l'ex-RDA, des objets spécifiques sont les vecteurs d'un rattachement culturel, d'une époque qui a représenté un épisode ayant bien eu sa réalité et qui ne peut pas non plus être entièrement gommé comme

[33] Cf. Pascal Ory, « Pour une histoire des politiques symboliques », dans : Pascal Ory, *La culture comme aventure*, Editions Complexe, 2008, p. 85.

[34] Thomas Keller par exemple dégage quatre stades pour que des lieux de mémoire puissent devenir des lieux de reconnaissance franco-allemands : à savoir le lieu de migration (*Migrationsort*) devient un lieu de souvenir (*Erinnerungort*) puis de mémoire collective (*Gedächtnisort*) et enfin un lieu de commémoration (*Gedenkort*), cf. Thomas Keller, Jean-Marie Guillon, « Du lieu de migration au lieu de commémoration - du lieu de commémoration au lieu de migration », art. cit, pp. 7-18.

[35] Voir le site officiel de la ville de Sanary (www.sanarysurmer.com « terre et mémoire de l'exil, les écrivains allemands »).

[36] Jacques Poumet, « Présentation », dans : *Allemagne d'aujourd'hui*, n° 173, juillet-septembre 2005 (Lieux de mémoire dans les nouveaux Länder allemands, sous la direction de Jacques Poumet), pp. 4 et 5.

simple erreur de parcours[37]. Ces références aux objets culturels sont de plus en plus fréquentes[38]. La référence au symbole permet ainsi de combiner divers supports tout en travaillant dans la même optique qui rejoint *l'histoire culturelle*, *l'histoire immédiate* et de fait *l'histoire interculturelle*.

Le symbole

Les symboles ne restent pas non plus inertes, ils sont sans cesse revivifiés par des pratiques liées au présent, au quotidien en suivant les courants sociétaux. Comme tous les symboles, ceux qui nous retiennent empruntent également deux vecteurs[39], l'un *explicite* et facilement reconnaissable (monuments, hymnes, drapeaux), et l'autre *implicite*, induit par découverte personnelle comme un nom de rue évocateur (la rue Goethe à Paris), par exemple, ou qui peut avoir un effet inconscient dans la vie quotidienne.

Le symbole permet d'articuler le savoir à un accès réflexif ouvrant un chemin à la signification. Le support symbolique ne représente qu'un déclencheur sollicitant, qu'il s'agisse d'un élément national officiel comme le drapeau ou d'une image de presse à la fois indicative et expressive d'une situation donnée. Ces deux exemples captent tout de même l'attention d'une manière identique présentant autant de chance de pouvoir s'interroger, en vue d'un approfondissement du sens.

---

[37] Cf. par exemple Dietrich Mühlberg, « Les objets du quotidien : des lieux de mémoire ? Spécificités des cultures mémorielles est-allemandes », dans : *Allemagne d'aujourd'hui*, n° 173, juillet-septembre 2005, pp. 6-25.

[38] L'émission *Karambolage* d'Arte a développé la même tendance face à des objets culturels présents/absents en Allemagne ou en France révélant ainsi une caractéristique à saisir, une tendance différente qui était souvent ignorée de part et d'autre, cf. par exemple Kathrin Uhde, *Karambolage oder die deutsch-französischen Eigenarten mit fremden Augen sehen : eine interkulturelle Fernsehanalyse*, Avinus-Verlag, Berlin, 2006.

[39] Cf. Joseph Jurt, « Symbolische Repräsentationen nationaler Identität in Frankreich und Deutschland nach 1789 », dans : Ruth Florack (Hg.), *Nation als Stereotyp, Fremdwahrnehmung und Identität in deutscher und französischer Literatur*, Niemeyer Verlag, Tübingen, 2000, pp. 115-140.

Seulement les symboles visés ici ne sont plus nationaux mais *transnationaux*. Non plus le drapeau allemand et français de chaque côté mais les deux mêlés par l'intermédiaire de figures graphiques inventives (voir illustration 1) qui répètent la volonté de nouage. Tous les effets graphiques sont une manière de souligner, de réaffirmer les liens. Dans ce cas précis d'un jeu de couleurs, la signification est facile à percevoir et à déduire. Mais tous les symboles franco-allemands ne font pas l'objet d'une lecture aussi simplifiée. L'effort nécessaire de lecture, d'interprétation, détermine la seconde caractéristique du symbole : de simple présence reconnaissable, il exige ensuite un déchiffrage afin de devenir compréhensible comme si une figure, un texte, un monument équivalaient à un réservoir de significations culturelles parfois complexes, toujours prêtes à être sollicitées ou même restituées.

Plus qu'une compréhension, le symbole réclame une attitude d'adhésion de la part d'un groupe, d'une communauté ; et cette forme de cohésion peut se maintenir au-delà de l'accès à la communication directe. Même à travers le stéréotype, un tremplin d'accès aux fondements culturels, et aujourd'hui transculturels, est laissée comme possible.

Les symboles franco-allemands sont les témoins directs de ce qui a été élaboré en commun au fil des années entre l'Allemagne et la France. Il ne s'agit plus de repérer des équivalents, des similitudes et des différences mais de réaliser une construction commune dans un cadre et une époque qui se dirige vers une transculturalité. Le dernier épisode en date dans les relations franco-allemandes a été la réaction officielle des enfants nés pendant la guerre de père allemand en France et inversement de père français en Allemagne. Ces enfants demandent, dans le contexte actuel des relations entre les deux pays, réparation et la double nationalité, ce qui aurait été impensable après-guerre[40].

[40] Cf. Soline Laplanche-Servigne, « Couples franco-allemands. Deutsch-französische Paare », dans : Isabelle Guinaudeau, Astrid Kufer (sous la

Sous des biais très différents, le tissage entre les deux pays resurgit toujours sous forme d'actualité, de mémoire ou encore de la volonté de poursuivre en commun une lente élaboration des cultures partagées. Ainsi aujourd'hui, au lieu que chaque pays campe sur ses interprétations historiques à double face, il existe, par exemple, un manuel scolaire d'histoire dégageant des positions communes sur les grandes phases du développement historique, écrivant donc par des symboles en commun une nouvelle phase, réactualisation pacifique des mêmes lieux tant de fois déjà évoqués[41].

Le symbole se profile comme une « créativité » à la fois de « l'agir » et de la représentation interculturelle. A travers le symbole, les ajustements sémantiques engendrés par les courants sociétaux se reflètent sur de nouveaux supports sans cesse en rééquilibrage. Il existe aussi en réalité une logique du sens symbolique qui fait que les interprétations du symbole présentent une certaine universalité et une permanence relative : « la symbolique introduit le sujet dans une communauté et lui permet de prendre part à un partage et à une transmission du sens »[42].

Le repérage des symboles franco-allemands, déjà existants et construits dans la culture ou en latence, introduit la dimension historique au sein même de l'interculturalité. Si les symboles conventionnels sont bien reconnus, comme la confrontation des deux drapeaux, les figures face à face de Marianne et Germania[43], les symboles communs sont peu étudiés, même s'ils sont connus et reconnaissables, à commencer par

direction de), *Dictionnaire des relations franco-allemandes*, Presses universitaires de Bordeaux, 2009, pp. 70-71.

[41] Cf. Peter Geiss et Guillaume Le Quintrec (sous la direction de), *Histoire/Geschichte, l'Europe et le monde depuis 1945*, Klett/Nathan, 2006, par exemple le dossier « Gestes symboliques et lieux de mémoire », pp. 302-303

[42] Baudouin Decharneux et Luc Nefontaine, *Le symbole*, Puf, 1998, pp. 78 et 79.

[43] *Marianne et Germania, 1789-1889, un siècle de passions franco-allemandes*, catalogue de l'exposition, Les musées de la ville de Paris, 1997.

l'enchâssement des deux drapeaux à l'aide du rapprochement des cinq couleurs présentes, ce qui a donné lieu à des combinaisons inventives, reproduites sur des affiches, des couvertures de livres, des commémorations de jumelage ou encore des sites Internet (voir illustration).

Logo du 50e anniversaire du jumelage Freiburg-Besançon

Lors des festivités autour du cinquantième anniversaire du jumelage entre Freiburg et Besançon (2009), un sac en toile a été distribué aux participants. Ce sac du 50ème anniversaire du jumelage se présente sous la forme d'un double drapeau esquissant un arc-en ciel aux couleurs changeantes constituées de l'association des deux drapeaux nationaux. La présentation ne cherche pas à lier les couleurs avec le rouge en commun, mais le graphisme montre que l'un des drapeaux prend peu à peu la place de l'autre sans l'effacer. Le bleu devient noir, le blanc rouge et le rouge jaune-or. Et chaque nom de ville prend place près de son drapeau identifiant. En haut à droite du logo, les couleurs du blason de la ville de Besançon se reforment (noir jaune rouge) et dans la partie intermédiaire de l'arc-en-ciel, ce sont celles de la ville de *Freiburg-im-Breisgau* (rouge et blanc). Il s'agit donc d'un logo complexe créé pour l'occasion dont nul ne peut prévoir à ce jour le devenir. Cet arc est aussi un chemin, on va de Besançon vers Freiburg pour fêter le jumelage sur place d'où la place du drapeau français en bas si bien que la zone centrale présente deux couleurs superposées : bleu et noir, puis blanc et rouge et enfin rouge et jaune. Les chiffres ne sont qu'esquissés de manière à amorcer un arc - au symbole favorable - plutôt qu'un 0. Le haut du 5 reste suffisant pour l'identifier. Ce graphisme d'un designer devient donc un symbole à part entière rattaché à l'année 2009. S'il est compréhensible, il demande pourtant un effort de décodage personnel.

Par l'intermédiaire de l'édification de tels symboles, on prend conscience d'une complexité croissante des objets culturels utilisés qui concernent tous les supports du plus classique au design postmoderne. Des formes créatives interculturelles sont à repérer au niveau du symbole, toutefois soumises à des courants sociétaux capables de les faire émerger et de les faire comprendre à un moment donné.

Au lieu de ne traiter qu'un aspect séparé, isolé et parcellaire comme il est aisé de le constater dans l'ensemble de la bibliographie, avec d'un côté les lieux de mémoire, de l'autre les emprunts lexicaux, les images de presse, etc., cette contribution tentera à montrer qu'une dynamique franco-allemande d'ordre plus général est à l'œuvre, qui peut être démontrée, alors qu'elle n'est guère unifiée dans l'état des bibliographies actuelles. En effet, des phénomènes existants (comme les emprunts lexicaux) peuvent être analysés autrement à la lumière d'un traitement symbolique franco-allemand, phénomènes qui prennent soudain une autre envergure et contribuent à développer la dynamique que l'on cherche à dessiner en considérant un ensemble allant de la *langue* aux *lieux* et à l'*image* autour d'une symbolicité. Toutes les catégories dégagées : mythes, rituels, images, emblèmes, stéréotypes sont convoquées dans cette contribution pour opérer un rapprochement entre la France et l'Allemagne concernant l'histoire, la politique, la vie culturelle, la presse, les sites Internet. Y seront ajoutées les activités socioculturelles temporaires comme des expositions ou les activités de jumelage entre les villes, qui contribuent encore à démultiplier les ressources d'expression même si elles ne sont pas aussi bien relayées par les médias.

Symboles et langue-culture

Les symboles lisibles au niveau de la langue elle-même se découpent en deux volets, d'une part les échanges sous forme d'emprunts lexicaux entre les deux langues-cultures et d'autre part, les expressions lexicales concernant la France et l'Allemagne (l'un des pays vu par l'autre) comme de véritables socles sémantiques.

Faire le bilan-synthèse des échanges lexicaux, entre les deux pays, relève encore d'un point de vue purement linguistique qui n'a pas été élargi à une symbolique. Toujours est-il que ces échanges existent largement puisqu'on obtient, par exemple pour le *Petit Robert*, 520 unités empruntées par le français « dont 139 empruntées de 1900 à 1995 »[44]. Citons quelques exemples pour en reprendre davantage conscience : ces mots sont issus de la vie militaire (reître, lansquenet, car « la langue française conserve les traces d'une très ancienne peur de l'Allemagne »[45]), mais aussi de la vie publique (sénéchal, ban, baron) et domestique (rôtir), de la vie rurale (blé, bûche) ou encore des mots essentiels du vocabulaire de base des échanges quotidiens, comme « bleu » ou « blé » qui viennent en fait de l'allemand (francique et préfrancique). Il ne s'agit donc pas d'emprunts mineurs contrairement à l'opinion générale. De même pour des mots comme « roseau », « saule », « troène », « latte » ou encore de nombreux autres arbres, et plus récemment, des mots repris directement de l'allemand comme « cobalt », « quartz », « lied », « putsch » ou tout simplement « képi », très familiers en français. Inversement l'allemand a fait siens des mots comme « Maskerade », « Kotelett », « servieren », « Tablette », « Kabinett », ou encore « Friseur » et « Konfitüre »[46]. Laissons de côté bien entendu le cas des faux amis avec leurs différences d'extension de sens comme par exemple pour « stupid » ou « Flair » utilisés en allemand, entraînant des répercussions de sens différents dans les deux langues.

Si les emprunts lexicaux sont symboliques de la présence d'une langue-culture dans une autre, en marquant des phases

---

[44] Walburga Sarcher, « Le vocabulaire français d'origine allemande dans les dictionnaires existants », dans : *La linguistique*, 2003/1, 39, pp. 169-172. Walburga Sarcher expose les ambiguïtés des répertoires de référence (datations, classement).

[45] Michel Espagne, « Problèmes d'histoire interculturelle », dans : *Revue germanique internationale*, 4/1995, p. 5.

[46] Cf. Johannes Thiele, « Deutsch-französische Lehnbeziehungen », dans : Ingo Kolboom, Edward Reichel (Hg.), *Handbuch Französisch*, Erich Schmidt Verlag, Berlin, 2008, pp. 216-222.

d'ouverture et de fermeture dans le cours du temps[47], ce phénomène, souvent étudié et bien connu, est pourtant moins significatif que les expressions lexicales franco-allemandes qui constituent, elles, des socles, des assises de signifiances culturelles. Une première collecte rapide révèle deux pôles opposés : d'une part le fameux « leben wie Gott in Frankreich », vecteur favorable de la douceur de vivre et du désir de vivre chez l'autre. Cette expression déjà ancienne est relayée par une suite d'autres expressions dérivées et actualisées, comme par exemple « le bonheur allemand »[48] ou « le bonheur en Allemagne »[49], titres qui s'avèrent être une manière de rebondir par rapport à l'ancienne donnée. Ou encore « vom Glück, Franzose zu sein »[50] qui revitalise ce fonds en trouvant une audience sociale nouvelle. D'autre part, la France face à l'Allemagne, cela a été pendant longtemps le royaume « des casques à pointe », synonyme d'agressivité et puissance concédée. Rien de neutre donc entre ces deux peuples. Bien au contraire, une longue alternance des deux aspects en présence est à noter. Tantôt « la chute du mur », expression positive étendue au monde entier, tantôt de nouvelles formules se fraient un passage à travers la société comme « anciens rivaux », en passe de détrôner les relents de guerre - « Erbfeinde » - longtemps prolongés par les médias (« bruit de bottes »)[51]. Les Français ne sont d'ailleurs pas mieux lotis avec des expressions comme « Pariser » (préservatif) ou « Französisch » (pratique sexuelle) qui les ciblent dans un registre à mœurs légères. Quant à la langue elle-même, la langue allemande est souvent

---

[47] Cf. Paul Fischer, *Die deutsch-französischen Beziehungen im 19. Jahrhundert im Spiegel des französischen Wortschatzes*, Peter Lang, Frankfurt am Main, 1991.

[48] Pascale Hugues, *Le bonheur allemand*, Seuil, 1998.

[49] Michel Tournier, *Le bonheur en Allemagne*, Maren Sell, 2004.

[50] Ulrich Wickert, *Vom Glück, Franzose zu sein*, Hoffmann und Campe, Hamburg, 1999.

[51] Voir aussi Michael Jeismann, *Das Vaterland der Feinde, Studien zum nationalen Feindbegriff und Selbstverständnis in Deutschland und Frankreich 1792-1918*, Klett, Stuttgart, 1992.

qualifiée en France de « langue de Goethe » et de même, l'Allemagne est toujours « au-delà du Rhin » (par exemple Arte-météo). Malgré la crise et ses difficultés, les produits allemands demeurent « made in Germany » et le demeureront encore longtemps dans la conscience médiatique française (en France, les spots publicitaires pour les voitures allemandes jouent avec humour sur cette référence de qualité, allant jusqu'à s'exprimer directement en allemand). En politique, « le moteur de l'Europe » est toujours en priorité l'alliage France-Allemagne qui d'ailleurs a fini par se présenter sous forme d'un « couple » encore transformé lors de la gestion de la crise européenne en un amalgame des deux noms : *Merkozy*, qui, d'ailleurs, n'entraîne pas une unité de sens dans les deux pays. Au contraire, en France, était mise en valeur l'autorité de la chancelière et en Allemagne son obligation de tenir compte d'un partenaire fantasque. Les caricatures de presse de part et d'autre en font foi. Avec l'élection de François Hollande au printemps 2012, on constate l'apparition d'une pluralité d'expressions lexicales entraînant des différences d'associations de sens. Du *Merkhollande*, décalqué sur *Merkozy*, à *Homer* renvoyant à la mythologie grecque fondatrice de l'Europe, en passant par *Merlande*.

Toujours est-il que l'énumération est suffisante pour comprendre que la notion de symbole commence par des inscriptions dans les formules-habitus de la langue-culture, véhiculées très longtemps après leur création, si bien que la langue devient une sorte de réservoir de savoir culturel. De tels mots installent un climat de pensée utilisé comme point d'ancrage, de repère, pour entrer en matière ou pour montrer qu'on est au fait du terrain. C'est un premier pointage balisé de reconnaissance destiné à installer une discussion, un sujet d'étude, une entrée en matière, ou encore à prendre contact, etc.

Les médias s'appuient par commodité sur les mêmes formules sans pouvoir facilement les faire évoluer. Toujours est-il que les expressions lexicales franco-allemandes sont répétées très régulièrement et contribuent à installer un paysage sémantique générant un étayage qui pourra, par la suite, être corroborer par d'autres aspects culturels. Le noyau d'appui de la culture réside d'abord dans la langue, à l'intérieur même de la langue et aimante ensuite l'ensemble des autres faces. Ces diverses expressions ne sont pas anodines car elles reprennent sous forme condensée et imagée les anciens discours stéréotypés désormais intégrées de cette façon à la langue elle-même. Ces expressions vont du politique, toujours premier dans les échanges franco-allemands, au culturel (titres de films, de livres, de tableaux). Nier cette première assise serait ne pas prendre conscience de l'ampleur du phénomène qui plonge ses racines dans l'expression lexicale sachant en garder longtemps les traces.

Lieux de mémoire actualisés

La référence la plus couramment agréée pour les aspects symboliques des échanges avec l'Allemagne est fortement représentée par les *lieux de mémoire* tels qu'ils ont été définis par Pierre Nora et ensuite popularisés par le grand succès rencontré dans le public qui apprécie *in situ* les ancrages de l'histoire. La plus grande manifestation a été solennisée par le « couronnement » de Verdun en un *site* devenu, en vingt ans, un modèle de ce type de symbole historique. La mémoire y est activée et actualisée de manière 'vivante', si l'on peut s'exprimer ainsi. Autour de cet espace géopolitique ont pris place des parcours rituels très empruntés, des rituels officiels, réguliers, des récits, des discours, des émissions télévisées, des commémorations fidèles qui reviennent à dates fixes. C'est là désormais un foyer interculturel inaugural, spatial et géoculturel, serti de reconnaissance symbolique majeure. Mais ce n'est pas pour autant un cas unique.

En 2009, à Verdun - à l'occasion du 25ème anniversaire de la fameuse rencontre entre François Mitterrand et Helmut Kohl - le 22 septembre, Pierre Lellouche, alors secrétaire d'Etat chargé des Affaires européennes et secrétaire général pour la coopération franco-allemande, a tenu un discours où il a proposé officiellement de rebaptiser la date du 11 novembre en « journée de la réconciliation de l'Europe ».

Extrait du discours de Pierre Lellouche à Verdun (22 septembre 2009) : « Je souhaiterais, pour ma part, faire en sorte que le 20ème anniversaire de la chute du Mur du Berlin, le 9 novembre prochain, soit véritablement un événement partagé entre l'Allemagne et la France, une sorte de cadeau que nous pourrions faire à nos amis allemands pour leur montrer que nous prenons aujourd'hui toute la mesure d'un événement qui fait désormais pleinement partie de notre histoire commune. Et alors que les derniers combattants de la Grande Guerre ne sont plus de ce monde, je souhaiterais aussi que nous puissions honorer leur mémoire en faisant à l'avenir du 11 novembre une *journée de la réconciliation de l'Europe* »[52].

Ici, Verdun n'est plus seulement aujourd'hui le lieu d'une bataille ou une date (22/9), mais l'expression d'une vision plus large où viennent se fondre maintenant l'anniversaire de la chute du mur de Berlin (2009) et la volonté de changer la référence à une autre date, celle du 11/11. Ainsi, dans ce discours, une date remplace l'autre et un lieu éloigné remplace le lieu d'où l'on parle. Verdun est devenu 'la rencontre de Verdun', on cherche à y réussir non plus une initiative franco-allemande nouvelle mais des anniversaires. Si les dates d'origine ont été des signes symboliques d'affrontements passés ou de méfiance confirmée, et même d'indifférence, les lieux d'anniversaire deviennent des lieux de rencontre pour des consolidations réussies après coup. Les déclarations prononcées dans les lieux de mémoire engagent officiellement la volonté politique des Etats. C'est dans un lieu interculturel que ces paroles sont prononcées et non dans la capitale.

Le site de Verdun est sûrement le plus symbolique, renforcé par l'existence face à face des deux livres-clefs : *Lieux de mémoire* en France (partiellement traduit en allemand[53]) et *Mémoires allemandes* traduit en français dont l'introduction sur le rapport entre les deux pays s'achève sur ces mots : « Ces convergences et concomitances sont autant d'expressions d'une reconnaissance réciproque avancée ; elles confirment l'interpénétration croissante des mémoires françaises et allemandes que de nombreuses enquêtes ont mises en lumière.

---

[52] Voir www.france-allemagne.fr/Discours-dePierre-Lellouche-a, 4705.html.

[53] Pierre Nora (hrsg.von), *Erinnerungsorte Frankreichs,* München, Beck, 2005.

N'est-ce pas là le signe qu'après avoir été longtemps séparées par des mémoires antagonistes, en dépit et à cause de leur histoire entremêlée, Français et Allemands sont désormais entrés dans l'ère des mémoires partagées »[54].

On peut aussi citer le cas de Reims, ville des sacres des rois de France qui a fait place à la scène de réconciliation sous la forme d'une messe à laquelle assistaient de Gaulle et Adenauer, image qui a finalement pris le relais de l'imagerie purement française et a trouve sa place dans le manuel d'histoire contemporaine franco-allemand utilisé conjointement dans les deux pays. Ce lieu est d'ores et déjà devenu franco-allemand.

Un autre de ces lieux-rappels de l'affrontement franco-allemand, à la fois ancien et émouvant, c'est le pont de Kehl (pont de l'Europe). Ce pont s'est d'abord pluralisé (route/voie ferrée). Le pont de l'Europe, construit en 1953, a remplacé le point frontière qui se voulait infranchissable. Puis, ce lieu a été ranimé comme lieu de mémoire vivante par la création d'une passerelle pour piétons (2004) au centre du jardin transfrontalier entre Strasbourg et Kehl conçu comme lieu interculturel de détente[55]. La chancelière allemande Angela Merkel et le président français Nicolas Sarkozy y sont venus s'afficher en image symbolique au moment de la présidence française de l'UE. Ce lieu continue donc d'exister fortement tout en

---

[54] Etienne François, « Mémoires divisées, mémoire partagées : à la recherche des mémoires allemandes », dans : Etienne François et Hagen Schulze (sous la direction de), *Mémoires allemandes*, Gallimard, 2007, p. 23. Signalons un travail historique en commun (franco-allemand) entre l'Institut historique allemand de Paris et l'EHESS. Cette histoire franco-allemande comportera onze volumes dont huit sont déjà parus depuis 2005. Le projet porte sur l'histoire du 9e siècle à nos jours. Projet d'envergure qui apparaît comme un soulignement dirigé vers l'Europe tout entière car les concepts d'approche sont à repenser dans un axe transversal et non en se focalisant sur les relations diplomatiques habituelles. On échappe enfin au moule nationaliste (cf. Werner Paravicini et Michael Werner, éd. par, *Deutsch-französische Geschichte*, Wissenschaftliche Buchgesellschaft, Darmstadt, 2005-2014).

[55] Cf. Andreas Rittau, « Installation transfrontalière franco-allemande et le *Jardin des deux Rives* à Strasbourg-Kehl », dans : *Documents-Revue des questions allemandes*, n° 4, 2004, pp. 54-56.

changeant d'image. Son ancrage symbolique se trouve encore renforcé en raison de l'emblème du pont comme passage, moyen de rapprochement, d'inter-compréhension, et non plus comme frontière, marque d'opposition et de différences.

La frontière sur le Rhin entre Weil am Rhein (Bâle) et Strasbourg constitue un magnifique sujet d'étude franco-allemande en montrant combien cette ligne dramatique n'a pas été effacée ou désertée mais est devenue elle aussi un espace culturel et interculturel de promenade, d'animation, d'interrogation. Une première étude de terrain a permis de confirmer l'existence d'une réappropriation des lieux sans que, pour autant, des déclarations officielles y aient été prononcées[56]. Le passage le plus significatif demeure Breisach en Allemagne et Neuf-Brisach en France, deux villes en miroir de chaque côté du fleuve. Une fresque concernant les légendes du Rhin mythique (le mur de la centrale hydroélectrique est décoré de sirènes sur fond bleu) renforce cet espace comme lieu public de fréquentation individuelle, de promenade symbolique et interculturelle. Ce sont des lieux de curiosité, de surcharge imaginaire de ce qui a été si longtemps redouté, de ce qui a constitué un espace particulier sur plusieurs siècles soumis à de nombreuses et changeantes négociations. Aujourd'hui, ce même espace rendu soudain à la neutralité suscite un intérêt d'un tout autre type. D'autant que les différentes zones de passage se ressemblent toutes : traversée du canal, du bras français du Rhin auquel est rattaché l'appareillage de béton d'une centrale hydroélectrique (et souvent une île), ensuite vient le bras allemand. Tout cet ensemble dessine donc plutôt une frontière épaisse qui n'est pas aussi simple que l'idée de ligne bien intégrée en raison des leçons scolaires de géographie (en France).

Les régions frontières ont aujourd'hui une responsabilité : « autrefois délaissées car en première ligne, elles ont désormais

[56] Cf. Andreas Rittau, *Interaction Allemagne-France*, L'Harmattan, 2003, pp. 283-308.

vocation à être des espaces laboratoires de l'Europe nouvelle. Parce que leurs habitants connaissent les mêmes réalités que leurs voisins. Parce qu'ils sont habitués à se fréquenter, à prendre en compte leur différence, à imaginer leur avenir ensemble »[57]. Ces espaces interculturels pourraient être étudiés au-delà des institutions transfrontalières mises en place. Les reconsidérer comme ce qu'elles ont toujours été : un contact entre deux rives pratiquant des échanges extrêmement variés dont on n'a pas une conscience si précise[58]. L'ouvrage de Karen Denni aide cependant à aborder davantage le questionnement et le fait passer « d'une ligne qui sépare à un pont qui unit ». Une double approche historique et sociologique a été nécessaire pour commencer à envisager une nouvelle approche des frontières, à la fois réelle, imaginaire et symbolique. Les différences de perceptions en termes d'images sont bien sûr dissemblables de part et d'autre et varient selon les orientations politiques. Mais surtout, « l'imaginaire de la population est fortement influencé par les médias »[59].

Ce rapide tour d'horizon serait incomplet sans la mention d'un nouveau lieu de mémoire franco-allemande, non plus lié aux batailles ou à la ligne frontière, mais décalé dans le Sud de la France à Sanary-sur-Mer, un lieu de refuge (1933-1945) pour des artistes allemands (musiciens, peintres, écrivains). Ce village a en effet accueilli de nombreux créateurs voulant échapper au conflit et aux poursuites du régime totalitaire. Il ne s'agit plus d'une information confidentielle puisque le syndicat d'initiative de Sanary propose de la documentation en français et en allemand, et consacre un repérage informatif par un parcours balisé par des plaques à l'intérieur de la localité. Des

---

[57] Richard Kleinschmager, « Les nouveaux rapports de l'Alsace et de l'Allemagne », dans : *Hérodote*, n° 80, (1/1996), pp. 156-174, ici p. 158.

[58] cf. par exemple Odile Kammerer, *Entre Vosges et Forêt-Noire, Pouvoirs, terroirs et villes de l'Oberrhein 1250-1350*, Publications de la Sorbonne, 2002

[59] Karen Denni, *Rheinüberschreitungen-Grenzüberwindungen, die deutsch-französische Grenze und ihre Rheinbrücken (1861-2006)*, UVK Verlagsgesellschaft, Konstanz, 2008, p. 289.

livres ont été dédiés à ce foyer intellectuel faisant passer une réalité ancienne au statut de mémoire collective[60]. Foyer de liberté culturelle authentique relayé maintenant par une activité touristique, pédagogique et revisité par l'histoire culturelle (voir illustration). « Sanary n'est pas seulement un double lieu de mémoire, mais est aussi en train de devenir un lieu de commémoration franco-allemand par excellence »[61].

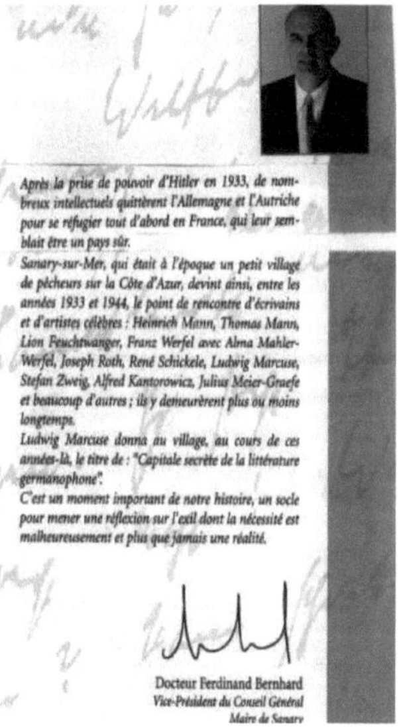
Après la prise de pouvoir d'Hitler en 1933, de nombreux intellectuels quittèrent l'Allemagne et l'Autriche pour se réfugier tout d'abord en France, qui leur semblait être un pays sûr.

Sanary-sur-Mer, qui était à l'époque un petit village de pêcheurs sur la Côte d'Azur, devint ainsi, entre les années 1933 et 1944, le point de rencontre d'écrivains et d'artistes célèbres : Heinrich Mann, Thomas Mann, Lion Feuchtwanger, Franz Werfel avec Alma Mahler-Werfel, Joseph Roth, René Schickele, Ludwig Marcuse, Stefan Zweig, Alfred Kantorowicz, Julius Meier-Graefe et beaucoup d'autres ; ils y demeurèrent plus ou moins longtemps.

Ludwig Marcuse donna au village, au cours de ces années-là, le titre de : "Capitale secrète de la littérature germanophone".

C'est un moment important de notre histoire, un socle pour mener une réflexion sur l'exil dont la nécessité est malheureusement et plus que jamais une réalité.

Docteur Ferdinand Bernhard
Vice-Président du Conseil Général
Maire de Sanary

Sanary-sur-Mer : nouveau foyer de mémoire culturelle franco-allemande. Le dépliant de la mairie de Sanary (ci-contre), accompagnant une publication récente du syndicat d'initiative de Sanary sur les exilés allemands de 1933 à 1945[62], est une déclaration officielle du maire s'engageant à reconnaître ce foyer interculturel où se sont réunis tant d'écrivains et d'artistes[63]. Par la référence à un lieu précis, que rien ne prédisposait à trouver un poids dans l'histoire, peuvent se lire des références à la fois politiques (résistance franco-allemande), culturelles (création d'un journal, d'œuvres) dans le sillage d'une histoire culturelle

[60] Cf. Ulrike Voswinckel et Frank Berninger, *Exils méditerranéens, écrivains allemands dans le sud de la France (1933-1941)*, Seuil, Paris, 2009.

[61] Magali Laure Nieradka, « Sanary-sur-Mer balisé - un lieu de commémoration franco-allemand par excellence ? », dans : *Cahiers d'études germaniques*, n° 53, 2007, p. 90. Voir aussi Magali Nieradka, *Die Hauptstadt der deutschen Literatur : Sanary-sur-mer als Ort des Exils deutschsprachiger Schriftsteller*, V&R unipress, 2010.

[62] Ville de Sanary-sur-Mer, *Sur les pas des Allemands en exil à Sanary 1933-1945*, Imprimerie Hemisud, 2004, 120 p.

[63] Ce foyer d'exil donne une autre aura à l'attirance régulière et bien connue des Allemands pour le sud de la France, qu'il s'agisse de voyages et d'installations d'artistes. En confirmant autrement ce qui deviendra par la suite une tendance, Sanary s'édifie comme symbole exemplaire à la fois spécialisé et général d'une référence allemande caractéristique du sud de la France au 20e siècle.

ouverte et maintenant interculturelle à l'ordre du jour. Transmission et expression interculturelle se rejoignent. Il s'agit cette fois du site franco-allemand le plus récent ayant réussi à parvenir à l'état de lieu de mémoire loin des frontières de l'est de la France. Dépliant officiel, livres, brochures sont complétés par des visites proposées sur place des différents lieux concernés balisés par des plaques officielles urbaines. La plupart des plaques apposées devant des immeubles en France font toujours état des soldats abattus morts pour la France. Ici, il s'agit d'Allemands ayant souffert du régime totalitaire qui sont reconnus et visualisés. La liste est impressionnante par le nombre et la qualité des auteurs (Brecht, Feuchtwanger, Franz Hessel, Kantorowicz, Heinrich et Thomas Mann, Ludwig Marcuse, Joseph Roth, Franz Werfel, Arnold Zweig, etc.)

Tous les centres d'intérêt franco-allemands ne sont cependant pas installés définitivement en se reliant à des villes. Il existe aussi des symboles temporaires comme les grandes expositions franco-allemandes. Récemment, c'était l'immigration en Europe et plus particulièrement dans les deux pays qui a mobilisé l'énergie commune menant à une réalisation d'envergure : l'exposition *A chacun ses étrangers* réunit de la documentation visuelle sur l'immigration dans les deux pays[64]. L'affiche apposée sur la grille du nouveau Musée de l'immigration (voir illustration) devient alors l'objet symbolique franco-allemand et constitue un nouveau maillon pour continuer de se repérer l'un par rapport à l'autre mais ensemble. Ce travail d'échanges, de collaboration franco-allemande a permis de faire avancer ensemble la question de la comparaison des migrations en Europe. On est passé à un autre stade interculturel.

Photo (AR) de l'affiche de l'exposition franco-allemande 'A chacun ses étrangers'. Sur la photo de l'affiche de l'exposition à Paris, les deux références allemande et française s'affichent ensemble dans une rue de Paris (avenue Daumesnil) sur la clôture de l'entrée du nouveau Musée national de l'Histoire de l'immigration dans le douzième arrondissement.

[64] Cf. Marianne Amar, Marie Poinsot, Catherine Wihtol de Wenden (sous la direction de), *A chacun ses étrangers ? France-Allemagne de 1871 à aujourd'hui*, (catalogue de l'exposition), Actes Sud/Cité Nationale de l'Histoire de l'Immigration, 2009.

L'Allemagne et la France se posent la question sur la manière dont les étrangers ont été perçus en France et en Allemagne depuis 140 ans. Si « le sujet n'est pas spécifiquement franco-allemand, pendant longtemps l'histoire de l'immigration n'a pas fait l'objet de comparaisons, c'est pourquoi l'accent particulier mis sur la France et l'Allemagne dans cette exposition comble une lacune dans ces deux pays »[65]. Cette photo elle-même n'est pas moins symbolique puisqu'il s'agit d'un soldat colonial de l'armée française accompagné d'une jeune femme allemande (à Mayence, vers 1930). On constate donc sur cette affiche-symbole plusieurs niveaux superposés : les deux noms des deux pays, les deux personnages, une exposition commune ayant réclamé la coopération de deux musées, la Cité Nationale de l'Histoire de l'Immigration (Paris) et le *Deutsche Historische Museum* (Berlin), donc une obligation de travailler en tandem pour faire avancer ensemble une question sociétale cruciale d'aujourd'hui.

Lieux de savoir

L'histoire des savoirs est récente, elle a suivi celle des institutions culturelles et celle des systèmes médiatiques (médiologie). Il existe des traditions de savoir rarement explicitées mais expérimentées par ceux qui suivent le même chemin. Ces savoirs sont considérés maintenant comme des objets symboliques, « à la fois trait identitaire, signe de reconnaissance, valeur d'échange, instrument de pouvoir et lien communautaire ». Les savoirs se rattachent aussi à des configurations spatiales à travers des institutions offrant des points de repère matériels qui sont plus que des centres-ressources mais font aussi office de rattachement symbolique ou d'ancrage culturel ou peuvent encore être considérés comme des zones d'influence transmettant des courants de pensée. Il est

[65] Marie Baumgartner, « A chacun ses étrangers, France-Allemagne depuis 1870 », dans : *Documents*, n° 2, 2009, p. 69.

donc légitime de les voir figurer dans ce cadre. En ce sens, toute bibliothèque « désigne peut-être moins un lieu matériel qu'une dynamique »[66], un point de rattachement au-delà des services matériels.

Moins souvent cités que les autres, ces lieux de savoirs interculturels ont été édifiés depuis longtemps entre la France et l'Allemagne. Ce sont des clefs indispensables pour progresser dans la connaissance de l'autre : l'Ofaj, le Ciera, le CMB, le Dfi, l'Ufa, les centres culturels franco-allemands en Allemagne et en France, etc. Autant de lieux de références doublés par leur sitologie sur Internet. Bref « les savoirs font lieu ». Il n'est pas possible de passer en revue tous ces maillons constitutifs du franco-allemand dans les deux pays[67]. Mais la nouvelle attitude consiste à porter sur eux un autre regard, celui d'une efficacité symbolique maintenant une cohésion du domaine.

Si bien que des ouvrages-sommes sont régulièrement reconnus comme des balises pour les études franco-allemandes. Par exemple, la parution événement du livre *Le jardin des malentendus - Fremde Freunde, Deutsche und Franzosen vor dem 21. Jahrhundert*[68]qui a été un élément marquant, une synthèse globale remplacée aujourd'hui par les lieux de mémoire et le *Dictionnaire du Monde germanique* publié en français[69]. Leur existence même plaide en faveur du dynamisme

---

66 Christian Jacob, « Introduction : Faire corps, faire lieu », dans : Christian Jacob (sous la direction de), *Lieux de savoir, Espaces et communautés*, Albin Michel, 2007, pp. 20 et 32.

67 Signalons la contribution de Hans Manfred Bock (*Topographie deutscher Kulturvertretung im Paris des 20. Jahrhunderts*, Narr, 2010) qui s'est intéressé aux lieux de savoir du franco-allemand à Paris, à partir d'une visée topographique permettant d'installer des parcours urbains. Autant de balises d'emplacements géoculturels qui émergent de la capitale et retracent une mémorisation liée à l'enseignement et la recherche, à la diplomatie, aux échanges institutionnels en général. Ils couvrent la période 1920-2004.

68 Cf. Jacques Leenhardt et Robert Picht (textes édités par), *Au jardin des malentendus, le commerce franco-allemand des idées*, Babel, 1997, et *Fremde Freunde, Deutsche und Franzosen vor dem 21. Jahrhundert,* Piper, 1997.

69 Elisabeth Décultot, Michel Espagne et Jacques Le Rider (sous la direction de), *Dictionnaire du monde germanique*, Bayard, 2007.

des échanges sans cesse entretenus. Précisément, une personne spécialisée dans le domaine n'a plus à signaler ces parutions car elles sont intégrées d'office à son domaine de savoir.

Le couronnement de ces pratiques, c'est bien sûr d'être arrivé à la confection d'un manuel d'histoire *commun* d'histoire contemporaine utilisé conjointement dans les deux pays, dans les deux langues-cultures (en première et en terminale). Ouvrages éminemment symboliques et d'une autre nature que la coopération économique qui, elle, existe de longue date. Ce livre a été considéré « tout simplement comme un événement historique. Au-delà de sa forte médiatisation, ce manuel d'histoire franco-allemand est aussi un événement politique et méthodologique », bref un événement de « valeur symbolique[70] ». « Pour la première fois, les deux pays ont un manuel en commun de leur histoire dans le contexte européen et mondial »[71].

Les images

Passons des images historiques, rééditées dans ce manuel, aux images d'actualité qui, elles aussi, forment un réseau de références qui ne peut être négligé. Les images commencent en effet à être davantage utilisées, sinon analysées. Elles deviennent « des supports-clefs de la formation de l'identité collective ». L'attention est portée sur les « évolutions des images elles-mêmes, mais aussi au choix de l'iconographie »[72].

---

[70] Michael Werner lors d'un débat au Goethe-Institut de Lyon, le 28 février 2006.

[71] Martin Raether, « Un revers de deux médailles ? Le manuel d'histoire franco-allemand », dans : *Francia, Forschungen zur westeuropäischen Geschichte*, Bd 35, 2008, pp. 585-591.

[72] Claire Aslangul, « De la haine héréditaire à l'amitié indéfectible. Quelques images-symboles de la relation France-Allemagne, 1870-2009 », dans : *Revue historique des armées*, 256, 2009, pp. 3-13, ici : p. 3 (C. A. s'est fait une spécialité de l'utilisation de l'image en rapport avec les conflits franco-allemands. Elle a constitué un corpus impressionnant d'illustrations. Voir *Représentations de la guerre chez les peintres, graveurs et dessinateurs allemands au XXe siècle, dans le contexte européen. Traditions, évolutions et ruptures dans les codes iconographiques,* thèse, 2 tomes, EPHE, 2003).

En effet, l'image fait figure de révélateur sémantique à condition d'être analysée d'un point de vue à la fois graphique et socioculturel ou encore sociopolitique dans le cadre de l'histoire contemporaine. Sans la conjonction des deux dimensions, beaucoup d'informations passent à travers les mailles du filet. Ces images fonctionnent aussi bien comme rappels synthétiques que comme prise de conscience.

Cependant, l'image se présente aussi aujourd'hui comme un support de réflexion dépassant la simple illustration et même l'analyse technique. Plus que des relations de formation, elles entretiennent un rapport à des valeurs symboliques (celle du « couple », par exemple) en en mesurant les aléas, les modifications et transformations dans la conscience collective à l'épreuve du temps, car cette conscience fait preuve de beaucoup plus de réactivité que par le passé.

La première image du « couple » fraternel de Mitterrand et Kohl a été suivie par celle de Chirac et Merkel pour faire place à celle de Merkel/Sarkozy[73]. Les attitudes, les cadrages, les couleurs sont autant de composantes qui fournissent des informations sur l'état de la vie politique au jour le jour. Ces images successives ont habitué le public à cette représentation symbolique du « couple » avec ses hauts et ses bas, mais continuant toujours de se maintenir. Les photographes se sont en effet emparés de cette dimension imagée, changeant l'information communicative en véritable expressivité symbolique nécessitant une lecture à part entière, libérant des chassés-croisés de sens entre le texte et l'image, l'image ancienne et récente et ouvrant plus largement l'interrogation dans la temporalité (voir illustration).

[73] Cf. Andreas Rittau, « Représentations iconiques de l'Allemagne à travers les photos de presse du journal *Le Monde* (2005-2007), Analyse du couple franco-allemand », dans : *Communication & langages*, n° 156, 2008, pp. 91-102.

Photo (AFP) d'Angela Merkel et de Nicolas Sarkozy à Strasbourg-Kehl[74]**.** Si l'image du couple est toujours actuelle comme le montre cette photo, elle est devenue beaucoup plus décontractée. Que l'on songe par exemple aux photos d'Anglea Merkel et Jacques Chirac entourés de la garde républicaine[75], les images actuellement diffusées sont désormais celles d'un couple moderne aux gestes amples et libérés. Et non plus des postures officielles figées. Le cliché est symétrique, chacun tenant sa fiche de note d'une main et formant de l'autre bras un double V amplifié par les deux encolures en v de l'ouverture des vestes. Le seul contraste réside dans le jeu des couleurs entre le noir et le blanc en quelque sorte noir sur blanc et blanc sur noir. Sourires équivalents et regards dans la même direction ce qui est, dit-on traditionnellement, la meilleure gestuelle pour un couple. Le fond bleu uni renforce encore l'impression favorable du lecteur. La photo officielle apparaît aussi comme non guindée, naturelle. Et le couple est toujours là ! Même si l'on a pu écrire qu'il existait un développement institutionnel « d'une plus grande formalisation des rencontres et des échanges »[76] franco-allemands, on constate ici qu'il n'en est rien. Mais, ce qui retient au contraire l'attention, c'est que les lieux de mémoire (Kehl) ont réussi à « se détacher de la mémoire nationale pour devenir un élément franco-allemand »[77].

Les médias reprennent régulièrement cette notion de « couple » dans les titres à commencer par l'article de l'ancien

[74] Lors du sommet Strasbourg-Kehl de l'Otan, le 4 avril 2009 (dans le nouvelobs.com du 10 mai 2009, © Eric Feferberg/Afp).

[75] Photo de Mme Merkel et M. Chirac, commémorant la Libération de Paris, dans : *Le Monde*, 28 aout 2006, p. 9 (Jacques Brinon, AP).

[76] Stefan Martens, « De l'Erbfeindschaft à la réconciliation. Le Traité de L'Elysée. Portée et limites », dans : *Allemagne d'aujourd'hui*, hors série (mai 2006), pp. 36-51.

[77] Thomas Keller, Jean-Marie Guillon, « Du lieu de migration au lieu de commémoration - du lieu de commémoration au lieu de migration », dans : *Cahiers d'études germaniques*, n° 53, 2007, art. cit., p. 11.

vice-président du groupe socialiste à l'Assemblée nationale chargé des questions européennes, Christophe Caresche, dans le *Monde* : « Le couple franco-allemand : une donnée indépassable en Europe »[78].

Il ne faudrait pas non plus pratiquer une lecture idyllique de cette notion de « couple »[79]. Stephan Martens a bien régulé la notion : « Le partenariat franco-allemand n'a pas été l'expression d'une attraction irrésistible et réciproque spontanée, mais une nécessité et un choix rationnel. La relation franco-allemande repose sur la conscience partagée que, sans une certaine solidité de ce couple, l'Europe n'avancerait plus. En d'autres termes, si l'entente franco-allemande n'est pas suffisante, elle reste toutefois nécessaire. C'est un acquis de la construction européenne »[80]. Bien entendu, les photographes suivent toutes les fluctuations avec finesse. Mais seule l'analyse permet d'entrer dans le vif du sujet. Les choix graphiques ne sont pas faits au hasard mais font partie du consensus en construction active sur lequel on peut s'appuyer pour faire

[78] Christophe Careche, « Le couple franco-allemand, une donnée indépassable en Europe », dans : *Le Monde*, 8 mars 2012.

[79] En Allemagne, les relations franco-allemandes sont évoquées d'une manière plus neutre qu'en France où l'on parle sans cesse de « couple ». Ceci traduit une fois de plus l'habitude de considérer la nation comme une personne (en France), une allégorie, identification qui a d'ailleurs commencé au Moyen-âge, alors que la figure de Germania n'a été répandue qu'après la guerre franco-prussienne pour disparaître à la fin de la Seconde Guerre mondiale. Les rapports entre la France et l'Allemagne ne sont donc pas à l'abri de « poussées affectives » et les stéréotypes du passé pouvant à tout moment resurgir et alimenter l'actualité. Sans nier le caractère exclusif de la relation franco-allemande, Joseph Jurt (« Le couple franco-allemand », dans : Jean-Noël Jeanneney (sous la direction de), *Une idée fausse est un fait vrai, les stéréotypes nationaux en Europe*, Odile Jacob, 2000, pp. 103-115) propose tout simplement de renoncer au terme de « couple » pour éviter toutes les connotations affectives et dépasser le « nombrilisme binational » suggéré par cette notion, parce que le rapport entre les peuples diffère de celui entre des individus, et l'Europe reste avant tout une Europe des Etats-nations sans identité communautaire.

[80] Stephan Martens, « Le couple franco-allemand : nécessaire mais pas suffisant », http://bordeaux.eurosblog.eu/spip.php??article16.

avancer les analyses des relations entre la France et l'Allemagne qui, « d'ennemis héréditaires », passent à un rapport fraternel, puis affectif et de consolidation : « dans l'inconscient collectif français s'est en effet imposée la vision d'une relation affective, émotionnelle, mais aussi tumultueuse, au point de confondre la coopération interétatique avec une vie de 'couple' »[81].

La présence effective de ce couple, en tant que symbole, a non seulement entretenu les relations franco-allemandes, mais a exercé depuis ses débuts un impact d'influence sur les opinions publiques et les pratiques gouvernementales[82]. Ce symbole a permis de dépasser la phase de réconciliation pour aller vers un approfondissement passant par cette image réitérée dans les différents médias (presse quotidienne, magazine, TV, Internet). Il va sans dire qu'un tel symbole agit autant sur l'opinion que sur les discours prononcés. Ces images sont d'ailleurs scrutées et analysées[83] et donnent le baromètre du bilatéralisme. L'image concrète du couple, réaffirmée à chaque rencontre, est donc répercutée à satiété, on peut même dire qu'elle est maintenant préparée à l'avance, à la manière d'une installation, selon l'évolution de la situation politique avec ses hauts et ses bas.

L'intérêt rebondit par exemple avec l'image du *Monde* (du 17 mai 2012) d'Angela Merkel et François Hollande, présentés sur le tapis rouge à Berlin. Une maladresse de protocole du président français (repris par un geste discret de la Chancelière) a été relevée par les photographes de presse. Toujours est-il que le nouveau « couple » s'avance et qu'Angela Merkel a, par conséquent, 'guidé les premiers pas' de François Hollande dans la cour de la Chancellerie. Une image qui a été mise à la Une !

---

[81] Claire Demesmay/Julien Thorel, « Au jardin des incertitudes : la mémoire française des relations franco-allemandes », dans : *Allemagne d'aujourd'hui*, n° 189, juillet-septembre 2009, pp. 252-264.

[82] Cf. Thibaut Rosenzweig, *Les symboles politiques, voie d'accès à la compréhension des relations franco-allemandes au 20ème siècle*, Mémoire de DEA sous la direction de Serge Berstein, IEP Paris, 2003.

[83] Cf. par exemple Stéphanie Krapoth, *France-Allemagne, du duel au duo, de Napoléon à nos jours*, Privat, 2005.

Les objets interculturels, le quotidien et le stéréotype

A ces images officielles institutionnalisées, commentées et répétées, font aussi écho des objets culturels[84] élaborés dans la perspective de communauté ponctuellement réaffirmée. Il s'agit ici de ne plus restreindre les objets culturels aux objets de musée ou de souvenirs de voyage. Des objets du quotidien, du moins pour certains, continuent d'exister dans la mémoire créant des marques de repérage. Ceci a été bien prouvé dans le cas de l'ex-RDA : « tout objet d'occasion peut comporter une charge symbolique lui permettant de matérialiser le passé »[85]. Il en est de même des objets franco-allemands, par exemple ceux liés aux jumelages des villes : le sac (voir illustration 1) distribué à l'occasion du cinquantième anniversaire de la reconduction du jumelage entre Freiburg et Besançon révèle un double drapeau où un rayon de lumière colorée est remplacé par une autre couleur des drapeaux, ceci par trois fois. Par une recherche graphique inventive, les deux drapeaux se trouvent ainsi unis, associés, comme une consécration de ce long jumelage de 50 ans. Les objets culturels, interculturels frappent l'attention en soulignant des emblèmes autrement agencés, donc renouvelés au-delà du national étriqué et éculé. La curiosité et la compréhension renaissent ensemble à la vue de cet objet inventé pour marquer l'occasion et qui s'immisce autrement dans la collectivité.

Enfin, il ne faudrait pas négliger non plus les lieux quotidiens affirmant une volonté d'ancrage et d'échanges dans la continuité. C'est Brigit Krulic qui s'est la première lancée dans « une territorialisation des identités culturelles ». Elle a organisé une extension de l'histoire contemporaine à la culture immédiate, prise dans le présent. Les lieux du quotidien

---

[84] Ces dernières années, une intense réflexion a été menée autour de l'objet culturel comme spécificité culturelle, par exemple dans le cadre de la fondation du Musée français des arts premiers du Quai Branly (2006) ou lors de la réorganisation du *Museum Europäischer Kulturen* (1999) à Berlin.

[85] Dietrich Mühlberg, « Les objets du quotidien : des lieux de mémoire ? Spécificités des cultures mémorielles est-allemandes », art. cit., p. 6.

(bibliothèques, cafés, jardins publics) créent une connivence sous forme de compréhension instantanée inférant une grande force fédératrice. Ces lieux partagés immédiatement disponibles existent aussi pour le franco-allemand. Le café *Titon* dans le 11ème arrondissement de Paris est l'exemple même d'un de ces lieux interculturels réussis. Ce café prend en charge la convivialité franco-allemande de Paris par des initiatives dont la dernière a permis de reconstituer un « Biergarten » à Paris. Le succès a été total et inattendu, signe d'un changement des temps. La gastronomie, les renseignements culturels, en font une vitrine non négligeable de l'interculturalité. Il s'agit donc de recenser davantage ces initiatives, de les analyser et de montrer par là la direction que prend de nos jours l'image du franco-allemand. Ce café a été crée lors du Mondial de 2006 avec le slogan « Deutsch ist schöner ». Il a pour but de ne pas s'ériger en bar allemand à Paris mais « d'établir une ambiance franco-allemande », un entre-deux, ce qui est tout différent comme projet[86]. Il en est de même avec le bistrot *Le Stube*, ouvert en 2010 (rue Richelieu), qui propose des spécialités de cuisine traditionnelle à la fois allemande et française[87]. Encore modestes, il y a bien là une nouvelle ouverture qui demande à être soulignée, reconnue. La fréquentation des lieux conviviaux franco-allemands donnera elle aussi la mesure des échanges.

Dans le cadre du quotidien, l'émission d'Arte *Karambolage* doit être ici reconnue comme un des moyens médiatiques pour construire le franco-allemand au quotidien. L'écran se tresse alors de points méconnus, non appris officiellement, trouvés en chemin. Emission relayée par des publications et des DVD qui font reconnaître, à leur manière, l'empreinte précise du franco-allemand dans le panorama culturel de l'actualité.

La date anniversaire du Traité de l'Elysée, le 22 janvier, muée en journée franco-allemande, donne lieu chaque année à des animations dont certaines sont hautement symboliques. Il

---

[86] Cf. http://www.cafetiton.com.
[87] Cf. http://www.lestube.fr.

s'agit de rendre compte de l'état de cet interculturel, existant certes, mais qui ne fait pas toujours l'objet de réflexions dans le sens indiqué. Il ne s'agit pas non plus de réénumérer toutes les activités franco-allemandes nombreuses dans des domaines très divers, mais on peut démontrer la tendance actuelle à traiter ensemble une question sociétale, comme par exemple le climat, les transports, au lieu de se confronter ou même d'échanger. Le faire-ensemble, le faire-avancer ensemble une question (projets de co-actions) se dégage comme pour la confection du manuel d'histoire contemporaine. Des images culturelles franco-allemandes viennent ponctuer ce cheminement.

L'éventail des différents symboles franco-allemands s'achève dans le stéréotype : les deux images stéréotypées les plus répandues sont respectivement la tour Eiffel pour identifier Paris à la manière d'un signe graphique concret et pratique, et pour Berlin, c'est la Porte de Brandebourg qui redit l'Allemagne réunifiée. Ces deux images réunies en montage se trouvent projetées sur la couverture d'un livre[88]. La tour Eiffel en incrustation côtoyant le quadrige, lui en présentiel, dans Berlin : les deux capitales figurent donc ensemble (voir illustration). En effet, en 2000, la porte de Brandebourg était en travaux et devant elle, se dressaient des bâches, masquant les échafaudages, représentant les deux monuments français en trompe-l'œil. Dans la vie urbaine de Berlin (bus et inscriptions en langue allemande) se profilaient ces images symboliques bien connues de Paris, le tout accompagné d'un fond bleu relayé par celui du ciel. Ce montage tout à fait authentique peut être regardé comme un symbole interculturel des stéréotypes encore impensable avant 1989. On comprend combien de chemin a été parcouru. C'est aussi un symbole nouveau de type temporaire et facilement compréhensible même s'il surprend au premier coup d'œil. Le cadrage a ajusté le haut de l'Arc de triomphe parisien au-dessous de la porte de Brandebourg, elle

---

[88] Cf. Andreas Rittau, *Interaction Allemagne-France, les habitudes culturelles d'aujourd'hui en questions*, L'Harmattan, 2003.

en réel. Cet arc se visualise à travers les colonnes. Actualité (bus, publicité, circulation) et tradition (le quadrige vert) se côtoient tout comme se côtoient la double référence présentielle et virtuelle.

Utilisation du stéréotype dans les rapports franco-allemands (Photo AR). Bien cadrée au centre de la couverture, en clin d'œil avec le titre du livre (Interaction Allemagne-France), la photo de la porte de Brandebourg de Berlin se surimpose avec les deux monuments parisiens les plus stéréotypés : l'un historique, l'Arc de triomphe des Champs-Elysées et l'autre la référence touristique que représente la tour Eiffel. Les trois stéréotypes sont à nouveau bousculés par le rapport entre présentiel et virtuel. Le tout dans une dominante de couleur bleu ciel constitué par la bâche et le ciel en prolongement, contrastant avec le rouge étal du fond de la couverture du livre. Rapprochement, acceptation, ce cliché est tout un programme à lui seul, une photo possible au 21e siècle. Non seulement paix retrouvée en Europe, mais interaction entre les deux « anciens rivaux ».

Le quotidien virtuel

L'aujourd'hui se construit avec les moyens actuels et s'inscrit donc aussi sur *Internet*. Toutes les activités des échanges franco-allemands sont repérables sur la toile par l'annonce visuelle d'un logo symbolique : pas un colloque, pas une association franco-allemande, pas un échange de classes n'échappent à la confection d'un logo faisant l'objet de concours, de rassemblement de groupes et de discussions collectives pour arrêter un choix définitif. Ils peuvent être répertories, classés, nul ne songera à en nier la fécondité avérée. A travers les logos présentés se lisent non seulement un titre d'activité, un domaine, mais aussi un objectif qui s'affiche graphiquement.

La confection et l'affichage d'un logo représentent donc une activité créative et technique à part entière, soumise à l'approbation des communautés concernées. Sous une apparente simplicité ou évidence, une réflexion graphique et technique avancée a été mise en œuvre de la même manière que pour les symboles conventionnels déjà reconnus (drapeau européen par exemple).

Bien entendu, tous ces logos à dimension symbolique ne sont pas à mettre sur un même plan. Il en existe toute une gamme de qualité variable, de l'innovation esthétique aux stéréotypes actualisés des deux pays souvent identifiés par les deux drapeaux conjoints. Un logo n'est pas non plus déterminé à vie. Tout en franchissant des étapes, associations franco-allemandes et administrations peuvent en changer et donc changer de sens et d'orientation. Un mode d'expression aussi affirmé ne peut être passé sous silence dans la mesure où un large public y a recours et s'y rallie sans partage.

Un premier relevé rapide distingue le symbole transposé, comme la porte de Brandebourg et la tour Eiffel entremêlées (voir par exemple le site officiel www.france-allemagne.fr)[89], le symbole aux couleurs des deux drapeaux, le symbole esthétisé constitué de lignes abstraites en relation avec l'activité concernée, le symbole innovant comme celui de l'Ofaj qui affiche un soleil (réjouissance, joie, espoir) englobant toutes les activités proposées. Il s'agit donc soit de transposer les symboles déjà familiers sur de nouvelles formes, soit d'innover totalement pour se diriger vers d'autres valeurs ; les logos représentent aussi l'attrait de la nouveauté face à des symboles émoussés par tant de répétions et d'emplois.

Force est de constater que ce qui a d'abord existé sur des supports traditionnels (drapeau, écusson, vitrail) s'est déporté ensuite vers l'image, surtout par l'affiche, et de nos jours sur des sites internet qui leur donnent une plus vaste audience. Tous

[89] Ce site est géré par le ministère des Affaires étrangères conjointement avec l'Auswärtige Amt (www.deutschland-frankreich.diplo.de).

ces logos sont devenus indispensables face à « l'explosion du genre traditionnel et à son remplacement par un nouveau genre » que sont les sites Web. Peter Stockinger a analysé sémiotiquement de nombreux sites pour montrer qu'une « textualité électronique » se fait jour (selon la formule de Roger Chartier) que les sites mettent à disposition en vue d'une libre appropriation. Ces visualités s'adressent à de nouveaux et nombreux visiteurs-utilisateurs qui forment à leur tour une communauté virtuelle possédant « sa propre dimension symbolique ». Les logos symboliques sont souvent placés en introduction et finale du site en fonction du plus grand nombre d'usagers qui se repèrent et s'identifient selon « des scénarios d'organisation »[90] prévus à cet effet. Ils captent en effet facilement le regard et sont lus, compris, décodés, exploités par les habitués. Ces très nombreux types de symboles possèdent un contenu facilement saisissable qui leur garantit une audience dans la problématique de *consultation/attente/satisfaction*. En revanche, peu de discours sont portés sur ces consultations qui se font quelquefois d'une manière très éloignée de l'institution de référence.

Ces symboles au quotidien assurent donc une part de renouvellement nécessaire entre les deux pays, ce qui évite qu'ils se figent dans des postures apprises trop connues ou encore trop facilement reconnues. En conséquence, les symboles sous forme de logos assurent un vaste continuum de la conscience du champ franco-allemand.

Trajectoires des relations franco-allemandes

A force de consolidations symboliques, n'en arrive-t-on pas, sinon à une usure, du moins à un endormissement latent qui enlève toute vigilance participative - l'existence du symbole se suffisant alors à lui-même ? Ainsi les études réalisées sur les projections dans le futur des échanges franco-allemands sont assez rares pour que l'on signale la tentative de Sloterdijk dans

---

[90] Peter Stockinger, *Les sites Web, conception, description et évaluation*, Lavoisier, 2005, pp. 17 et 21.

sa conférence du 15 novembre 2007 à Freiburg intitulée *Théories des après-guerres*[91]. Pour lui, les relations franco-allemandes sont devenues standard et se sont en quelque sorte inversées. Elles ont abouti à un état de neutralité inerte. Les échanges franco-allemands, « la fameuse amitié franco-allemande, est un fantôme inventé par les professionnels de la rencontre officielle »[92].

Depuis l'après-guerre, selon Sloterdijk, l'Allemagne n'a cessé de progresser en fournissant des efforts réguliers d'abord sur le plan économique, puis sur celui d'une décomplexion politique et enfin par la réunification des deux forces antagonistes. Pendant ce temps la France a déçu en affirmant une supériorité de plus en plus artificielle et il subsume les deux pays dans deux personnages ou figures symboliques révélatrices : d'une part un pape Allemand à Rome, d'autre part un chef d'Etat de droite en France qui affirmerait avant tout une volonté de remise en ordre autoritaire.

Semblant toucher un autre aspect, Stefan Martens s'interroge sur la portée et les limites du Traité d'amitié de l'Elysée en l'assimilant lui aussi à un lieu de mémoire immatériel et se pose la question de savoir « si le Traité de l'Elysée est un lieu de mémoire franco-allemand »[93] en y répondant affirmativement. Au contraire, on pourrait penser ce traité en termes de mythe politique selon l'acception de Raoul Girardet : le Traité d'amitié de 1963 fait fonction de mythe politique dans la mesure où toutes les initiatives officielles et associatives sont venues s'y axer. L'image de ce traité, signé par Charles de Gaulle et Konrad Adenauer, se présente alors sous la forme de la figure

[91] Cf. Peter Sloterdijk, *Theorie der Nachkriegszeiten, Bemerkungen zu den deutsch-französischen Beziehungen seit 1945*, Suhrkamp, Frankfurt am Main, 2008.

[92] Peter Sloterdijk, « La France, un danger pour l'Europe ? », dans : *Le Point*, 18 décembre 2008 (propos recueillis par Elisabeth Levy).

[93] Stefan Martens, « De l'Erbfeindschaft à la réconciliation. Le Traité de L'Elysée. Portée et limites », dans : *Allemagne d'aujourd'hui*, hors série (mai 2006), pp. 36-51.

archétypale du « sauveur »[94] : « c'est au nom de la fidélité aux messages qu'ils [les sauveurs] ont dictés, de la conformité aux principes qu'ils ont posés ou aux institutions qu'ils ont fondées que l'on entend répondre aux interpellations et aux défis du présent »[95]. Ainsi l'axe fondateur est devenu mythe symbolique historique.

Sloterdijk, de son côté, va encore plus loin en prolongeant en quelque sorte la pensée de Girardet qui considère que « les images (des grands hommes) encombrent tous les carrefours de notre histoire ». De rassurance en rassurance, selon la *Théorie des après-guerres*, toutes ces répétitions concernant les mêmes références débouchent finalement sur une sorte de neutralité faisant perdre la fascination pour la figure de l'autre. « La crise de distance et l'amitié nouée ne signifient au fond qu'une seule et même chose »[96] car les tensions sont annulées du même coup.

En revanche, Slotedijk ne tient pas compte de la longue construction européenne qui a eu lieu entre l'Allemagne et la France. Il n'y aurait en effet pas eu l'Europe d'aujourd'hui sans le traité initial qui a donné le coup d'envoi[97]. L'Allemagne n'est ni familière, ni ennemie de la France, elle en serait ignorée si elle ne se rattachait pas à l'idée d'Europe[98]. Mais le franco-allemand, leader de l'Europe, ne devient-il pas à son tour un mythe face au chômage dévorant et aux alternatives qui se cherchent ? Malgré toutes les objections que l'on pourrait

---

[94] L'accumulation de références autour des grandes figures politiques fait que leur statut passe de l'état de fait au mythe.

[95] Raoul Girardet, *Mythes et mythologies politiques*, Seuil, 1986, p. 64.

[96] Peter Sloterdijk, *Theorie der Nachkriegszeiten, Bemerkungen zu den deutsch-französischen Beziehungen seit 1945*, op. cit., p. 78.

[97] Cf. Marc-Olvier Padis, « France-Allemagne : qui esquive ses responsabiltés ? », dans : *Esprit*, n° 379, novembre 2011, pp. 127-133.

[98] Si l'on considère les éléments politiques, les échanges sont conventionnellement nombreux et privilégiés - si l'on considère la fréquentation au quotidien, il n'en est plus de même : plus de 13 millions de touristes allemands visitent la France chaque année, en sens inverse, seulement 1,3 million de Français franchissent la frontière pour séjourner en Allemagne.

soulever, on retiendra que la réconciliation franco-allemande a une valeur de modèle conduisant à des actes et à des manières de penser différents.

*

C'est tout un champ déjà existant, authentique, qui est dégagé, le champ de la symbolique franco-allemande concernant plusieurs registres ou échelles. Ce champ spécifique est encore peu reconnu comme tel et s'inscrit dans les politiques culturelles symboliques soulignées surtout par Pascal Ory et Herfried Münkler.

Les symboles permettent enfin des focalisations plurielles sur un même support en présence. « Créatrice de formes, la politique symbolique est, par là même, modelée par la conjoncture »[99]. Le champ franco-allemand des symboles s'utilise aussi comme créativité de mémoire identitaire, comme activité créatrice et comme réseau puisque ces différents éléments sont reliés entre eux ou plutôt reliables.

Ces symboles franco-allemands sont un type de représentation sociale englobant l'histoire culturelle et le souci du quotidien, du présent, et aboutissent à une transculturalité. Celle-ci se définit comme une dynamique de tension liée à un parcours heuristique, trouvant sa profondeur dans le symbole, indiquant les directions prises au cours de l'histoire contemporaine et immédiate dans un ajustement perpétuel de nouvelles configurations développant une créativité de la mémoire régulièrement revivifiée car « la réconciliation franco-allemande a toujours valeur de modèle » (Stefan Martens). L'accent a été mis sur l'expressivité de ces symboles, qu'il s'agisse de références historiques, politiques ou culturelles. Ces symboles permettent toujours de s'impliquer dans un processus d'identification collective, tout en assurant des interprétations faites de réactivités individuelles selon les contextes et les lieux,

[99] Pascal Ory, « Pour une histoire des politiques symboliques », art. cit., p. 79

ménageant, en tout cas, un lien entre passé et présent, à partir de modalités d'appréhension et de décodage. Une histoire sans cesse revivifiée et qui n'empêche pas la découverte des valeurs actuelles.

La preuve en est donnée par les manifestations conjuguées du 9/11 et du 11/11 en 2009 entre Berlin et Paris. Les deux anciennes dates de la mémoire sont devenues des symboles en action par le truchement d'un chassé-croisé : N. Sarkozy rattrapant le faux bond de Mitterrand (1989) à la porte de Brandebourg et A. Merkel acceptant, dans un esprit positif, l'invitation à l'Arc-de-triomphe. Tous deux voulant faire du 11 novembre une date de la Paix européenne, une *Pax Europa* actuelle. De même la Porte de Brandebourg ne peut être séparée des manifestations du 9/11 de la place de la Concorde où cette porte a été projetée sur un immense écran entre l'hôtel de Crillon et le ministère de la marine. Ainsi, on peut parler d'un dédoublement en faveur de la liberté à Berlin et de la paix à Paris selon les propres termes du discours d'A. Merkel à Paris. Ces nouveaux gestes symboliques sont autant de germes d'actions futures entre les deux pays allant dans le sens d'une cohésion européenne (fête de la paix), au-delà des deux pays concernés. En revanche, l'*agenda franco-allemand 2020* datant de 2010, fort de 80 propositions pour développer des actions communes, ne dégage pas une voie claire et distincte pour l'innovation. Il continue plutôt les travaux entamés (absence d'idées neuves) : renforcement de l'existant, multiplicité des propositions, c'est néanmoins une date qui projette un rendez-vous concret entre les deux pays demeurant de la sorte associés et le démontrent.

Contrairement donc à ce qu'affirme Sloderdijk, toutes les constructions communes franco-allemandes militent pour le vivant. Ce qui a déjà été accompli depuis 1963 plaide encore pour la recherche de nouvelles occurrences toujours plus souples et performantes, c'est-à-dire capables de souligner les forces positives de convergence à partir d'une adhérence et d'une cohésion adaptées. Toutes les initiatives citées dans cet article viennent en quelque sorte infirmer les dires de Sloterdijk. Il existe bien une volonté de continuer à bâtir en commun, même si toutes les initiatives ne se rangent pas sur le même plan. L'existence de ces échanges a contribué à faire connaître largement une volonté non démentie d'aller en avant, même si des réticences ont existé de part et d'autre. La construction de symboles communs contribue à franchir un cap important dans la reconnaissance et l'affirmation double, bi-étatique des décisions.

Les ressources de l'utilisation des symboles sont trop fécondes pour être délaissées dans ce cadre franco-allemand. Le symbole ménage une accessibilité tout en restant extrêmement condensé dans une image, un signe, un objet, un lieu. Et surtout, cet accès facile dans la logique des écrans (TV, Internet) se transforme en une mise en spectacle de l'actualité franco-allemande, comme du passé, et arrive à maintenir une sorte de continuité évolutive rendant le recours au symbole très mobilisateur pour le plus grand nombre. Il permet d'innover à l'intérieur d'une dynamique exploratoire qui envisage, scrute, anticipe et met divers publics en mouvement. Des représentations unificatrices se constituent, capables de fournir des points de ralliement. Cependant, il est à noter que « la valorisation de la dimension symbolique est faiblement assurée dans le cadre des théories majeures de l'intégration européenne »[100]. Le symbole mobile, culturel, relatif, global, socialisant permet de relier universel, mobilisation collective générale et individuelle (favorisant l'individuation). Le symbole et les représentations symboliques s'avèrent être des vecteurs « synthétiseurs », novateurs qui agissent en facilitant « une transformation en profondeur ». Ne pourrait-on pas dépasser le niveau de la lecture pour « considérer le symbole comme une image vivante avec laquelle il faut développer un dialogue »[101].

---

[100] Chrystelle Nourry, *Le couple franco allemand : un symbole européen,* Bruylant, 2005, p. 25.

[101] Michel Cazenave, *Encyclopédie des symboles,* Livre de poche, 1996, pp. VII-XII.

Apposer chacune des dimensions du symbole à un domaine aussi sensible que le franco-allemand a permis la création d'une plate-forme intermédiaire qui se déploie vers de nouveaux développements dont nul ne peut prétendre circonscrire l'ensemble des initiatives. Partant, un champ aux relations intenses a toutefois été créé.

2. Exemplification

Il ne serait pas utile de multiplier des exemples dans le flux de références culturelles du franco-allemand, réservoir en permanence disponible. Toute l'attention s'est portée donc sur un livre à gros tirage international dont le succès ne cesse de déborder les frontières dans tous les sens du terme.

Les symboles franco-allemands à l'écoute d'un *Schelmenroman*

Lecture interculturelle de *On n'a pas toujours du caviar*

En 2013 est célébré le cinquantième anniversaire du Traité franco-allemand de l'Elysée, symbole par excellence de la réconciliation. Nul besoin d'être grand clerc, comme le rappelle Peter Sloterdijk sur un ton provocateur, pour se figurer les nombreux discours tenus, à ce moment-là, par « les orateurs de service »[102].

Le roman de Johannes Mario Simmel, *Es muss nicht immer Kaviar sein*[103], datant de 1960, donc publié trois ans avant la signature du Traité d'amitié, a vocation lui aussi à être considéré comme un symbole de la réconciliation franco-allemande en raison des nombreuses déambulations du personnage principal, l'agent secret pacifiste franco-allemand Thomas Lieven, tour à tour actif en Allemagne et en France entre 1939-57 : cette fiction s'était alors diffusée à plus de trente millions d'exemplaires[104] en Europe, en Allemagne principalement ; du point de vue de la *Théorie de la réception*, il tombait donc à point nommé dans *l'horizon d'attente* de la réconciliation franco-allemande se dessinant.

Même si ce roman a été délaissé par la critique universitaire en raison de son peu d'intérêt sur le plan stylistique, le grand nombre de lecteurs, à travers sa traduction en 38 langues, et la

---

[102] Peter Sloterdijk, *Théorie der Nachkriesgzeiten, Bemerkungen zu den deutsch-französischen Beziehungen seit 1945*, Suhrkamp, 2008. Voir aussi les répliques à ce texte par Wolfgang Essbach, « Vorübungen für 2012. Peter Sloterdijk und die Aufhebung der deutsch-französischen Überbeziehung » et par Thomas Keller, « Deutsch-französische Beziehungen – Jetzt erst recht », dans : Rolf G. Renner, Fernand Hörner (Hrsg.), *Deutsch-französische Berührungs-und Wendepunkte*, Frankreich-Zentrum, Freiburg, 2009, pp. 75-84 et 85-92.

[103] Johannes Mario Simmel, *Es muß nicht immer Kaviar*, Knaur, München, Zürich 1967 (en français : *On n'a pas toujours du caviar*, Robert Laffont, 2009, traduit par Paul Lavigne).

[104] Cf. Hannes Hintermeier, « Zum Tod Johannes Mario Simmels », dans : *FAZ*, 3 janvier 2009.

réédition en français de 2009 (au moment du décès de l'écrivain), justifient de lui prêter autrement attention. Une telle réception du roman ne peut plus laisser indifférent.

La présente contribution est l'occasion de réinterroger les échanges franco-allemands en insérant, avec plus de précision, ce livre dans deux traditions littéraires : la première, le *Schelmenroman* (insistant volontiers sur les aspects fonctionnels de la vie quotidienne : manger, boire, amour, et sur les déplacements d'un héros atypique tant dans l'espace géographique que social) et plus encore la seconde, plus spécifiquement allemande du *Bildungsroman* ou roman de formation, « proche par bien des aspects du roman picaresque »[105], qui montre l'évolution-apprentissage et les transformations du personnage principal à travers les aléas de la vie. Deux axes, deux cohérences qui replacent ce roman dans une intertextualité plus vaste, au-delà de l'actualité des années soixante, dans une prise de conscience de la *modernité*.

Seront étudiés ici les nombreux stéréotypes et clichés franco-allemands évoqués à la lumière de cette double approche par une relecture interculturelle des années 2000. Cette nouvelle édition peut en effet être considérée comme un véritable document sociologique de traits spécifiques allemands et français.

Le roman

Dans ce livre, le héros central Thomas Lieven, agent-espion allemand des services secrets, se retrouve malgré lui, en France, à travailler également pour les services secrets français puis anglais, à chaque fois sous une identité différente. En France, il devient Jean Leblanc, puis Pierre Hunebelle. Plus tard en Allemagne, il sera Monsieur Hauser, puis Peter Scheuner et Ernst Heller. S'il parvient à maintenir le cap, tout au long de ses aventures dignes d'un Arsène Lupin, c'est grâce à une conduite de vie basée sur le refus de provoquer des morts, au nom du

---

[105] Florence Bancaud-Maën, *Le roman de formation au XVIIIe siècle en Europe*, Nathan, 1998, p. 41.

triomphe exemplaire des forces de vie, cela sans céder ni au « sentimentalisme », ni aux « chimères » (p. 442), ni à aucune convention préétablie. Lieven se veut un être libre face à une situation historique inextricable qui pourtant ne le détourne pas de son objectif primordial : « sauver des vies humaines me paraît sympathique. Sans distinction de nationalité ou de religion » (p. 395).

La rapidité du rythme picaresque

D'ailleurs, la lecture des premières pages suffit pour réaliser que le roman est animé par un rythme très rapide né d'une succession de changements de situations - explicables, bien entendu, par le contexte de la guerre - et se traduisant par une référence constante à des villes françaises et allemandes égrenées au fil des pages. En effet, les villes citées s'avèrent nombreuses, entre autres Paris, Lille, Toulouse, Marseille, Clermont-Ferrand, Montpellier, Le Mans, Cannes, Versailles, Nevers, etc. Du côté allemand : Düsseldorf, Cologne, Dresde, Leipzig, Zwickau, Marbourg, Hambourg, Stuttgart, Wiesbaden, Berlin, Francfort, Münster, Munich, Baden-Baden, etc. Comme dans un roman picaresque, rien de ces villes n'est jamais décrit. L'écrivain fait directement appel à une connaissance présupposée partagée au sujet des différentes références urbaines. En revanche, les lieux sont très rapidement identifiables à la lecture par des repères-standards, qu'il s'agisse de Leipzig ou de Baden-Baden. Les références concernent des monuments-symboles comme les Champs-Elysées ou la Place de la Concorde pour Paris, le Casino et les Thermes pour Baden-Baden. Mais le plus souvent, ce sont des quartiers, des cafés, divers lieux publics qui, familièrement cités, amènent instantanément à prendre ses marques lectorales[106]. Rythme effréné et parcours aventureux au sein des villes égrenées

[106] Voir aussi Antonio Rafele, *La métropole, Benjamin et Simmel*, CNRS-Edition, 2010 et Georg Simmel, *Les grandes villes et la vie de l'esprit*, L'Herne, 2007, pp. 10/11.

comme très connues s'apparentent ainsi à cette tradition picaresque[107].

Une telle absence de différenciation détaillée est compensée par le recours systématique à des clins d'œil au lecteur : Marseille, lieu légendaire de « trafics en tout genre », sous-entend immédiatement un 'comme vous le savez'. Le manque d'inventions à ce niveau est remplacé par un rythme accéléré et une accumulation[108] qui étourdissent par un ballet de renvois : « Au cours des cinq années de guerre et de douze années d'après-guerre, Thomas Lieven[109] se vit dans l'obligation d'utiliser seize passeports de neuf pays différents » (p. 14).

Tout comme dans un roman picaresque, l'essentiel ne consiste pas en la description des lieux, mais en la chance inopinée, en un lieu donné, de la rencontre d'une personne qui fait avancer la situation. La ville n'est pas définie par son système de fonctionnement, elle n'est pas agissante par sa référence architecturale spéciale ou sa texture, mais, la ville offre plutôt, et avant tout, la possibilité d'échanges, donc de brusques bifurcations, à l'intérieur du parcours vital pour le changer en destin, sous l'effet d'autres savoirs-faire croisés brusquement.

Une rencontre peut donc entraîner - tout comme dans le roman picaresque, et ce, dès le 16ème siècle[110] - un changement

---

[107] Cf. Jürgen Jacobs, « Bildungsroman und Pikaroman. Versuch einer Abgrenzung » dans : Gerhart Hoffmeister (hersg. von), *Der moderne deutsche Schelmenroman. Interpretationen*, Rodopi, Amsterdam, 1986, pp. 9-18 et Matthias Bauer, *Der Schelmenroman*, Metzler, Stuttgart 1994.

[108] Voir aussi Hartmut Rosa, *Beschleunigung. Die Veränderung der Zeitstrukturen in der Moderne*, Suhrkamp, Frankfurt, 2005 (en français : *Accélération, une critique sociale du temps,* La Découverte, 2010, traduit par Didier Renault).

[109] Le nom de Lieven se rapproche de *Leben*, ou de *to li*ve ou encore le vivant. Il restera, malgré les circonstances, profondément vivant.

[110] Jean-Marie Valentin par exemple étudie les itinéraires qui ne concernent plus les pèlerins ou les colporteurs mais « le jeune homme de qualité » de l'aristocratie allemande du 18ème siècle accomplissant sa « Kavalierstour » ou voyage qui considère en priorité « le système politique et la religion, l'espace et l'échange, la culture et l'éducation ». Ces voyageurs recherchent avant tout

radical lorsqu'une nouvelle rencontre détenant soit un excellent savoir-faire, soit une connaissance de réseaux locaux, est capable de relancer l'action. Le héros apprend en observant. Même si les rencontres ne sont pas empreintes d'un parfait civisme, elles nous font entrer dans un monde parallèle possible, découvert au fur et à mesure, basé sur moult combines et toutes sorte de trafics : « Pour Thomas Lieven, il n'existait pas de rideau de fer. Il trafiquait à l'Est comme à l'Ouest. Les autorités tremblaient devant lui » (p. 14). Au regard des contacts et à cause de la nature de ceux-ci, le conflit franco-allemand se relativise, car il s'agit avant tout de faire rebondir les forces de vie, d'échapper sans cesse aux pièges tendus, tantôt français, tantôt allemands, en un mot, de pouvoir, tout simplement, continuer à vivre quels que soient les moyens utilisés, souvent en marge de la société. Et ces moyens sont attribués en priorité aux possibles réponses démultipliées de la ville provoquant humour et dérision par l'extrême importance accordée aux minimes valeurs du quotidien. Les allusions franco-allemandes interviennent alors dans ce contexte et sont utilisées, tantôt comme points d'appui de l'action à la fois évidents et fiables, tantôt montrées comme absurdités auxquelles se heurte le personnage. Les considérations sur les deux pays deviennent aussi de simples constats à enregistrer comme faits issus des champs respectifs déjà balisés. Ces allusions sont censées être connues par le lecteur sans qu'il ait à les remettre en cause, mais en les intégrant en toute connaissance de cause.

Les manières de faire allusives - comme toujours dans le genre du roman picaresque - se relient si étroitement à la ville

---

le contact dans un but aussi pédagogique que social sans atteindre les proportions de marginalité de Thomas Lieven. Autrement dit, le livre de Simmel, après guerre, serait la projection de cette tradition dans le hors-norme (cf. « Les *Itineraria Galliae* dans l'empire du XVIIème siècle », dans : Marie-Madeleine Martinet, Francis Conte, Annie Molinié, Jean Marie Valentin (dir.), *Le chemin, la route, la voie, Figures de l'imaginaire occidental à l'époque moderne,* PUPS, 2005, pp. 193-208).

qu'on la désigne, à chaque fois, par les spécificités de lieux souvent prestigieux intervenant dans le roman d'une manière presque totémique. Pour le côté français, les grands hôtels parisiens : le *George V* ou *le Bristol* et l'hôtel « *Lutétia*, boulevard Raspail, réquisitionné par les services de l'Abwehr » (p. 427)[111]. Les marques connues, pour le champagne (*Veuve Clicquot*), ou les voitures (*Peugeot* et *Mercedes*). Si ces notations nombreuses se maintiennent tout au long du livre, elles ne sont jamais surprenantes et ne quittent pas les poncifs, les clichés auxquels le narrateur semble prendre un plaisir manifeste comme il en est souvent dans ce type de roman. Désir d'utiliser ces références en synonyme d'un mode de fonctionnement où l'essentiel réside dans la reconnaissance rapide des éléments cités, en vue de poursuivre l'aventure avec les différents partenaires rencontrés au hasard qui apportent leur aide et proposent des solutions pour le moins adoxiques, loin de l'opinion bien-pensante incarnée, dans le cas de la deuxième guerre mondiale, par un nationalisme outrancier dans l'affrontement des deux belligérants. Cependant, Allemands et Français continuent de se référer aux mêmes valeurs : parmi les faux papiers, les faux passeports, les pickpockets, la confusion et la simulation, une belle voiture, un bon vin, un excellent restaurant, « une villa louée dans la partie élégante de l'allée Cécile à Düsseldorf » (p. 12) ou encore la joie de rencontrer une belle femme sont toujours appréciés. C'est pourquoi le point crucial de l'action consiste, avant tout, à se procurer de l'argent pour parachever l'action entamée. C'est le changement de ville qui constitue progressivement un réseau de relais et donc de personnes. Les conséquences d'une telle mentalité en pleine guerre dans le secteur des services de renseignements peuvent être imaginées quand la trajectoire sous-jacente tend à s'opposer à la violence guerrière ambiante.

---

[111] Voir aussi à ce sujet : Wolfgang O. Hugo, « Das Lutetia wird 100. Bewegtes und bewegendes Schicksal eines Grandhotels », dans : *Dokumente, Zeitschrift für den deutsch-französischen Dialog*, 3/2010, pp. 87-88.

Mêlées au danger permanent, aux faux, aux coups de poker, au louche ambiant, à la trahison, à la simulation, toutes ces connexions, dans ce genre scriptural, sollicitent le franco-allemand. Qu'en est-il donc de son expression dans le cortège des déplacements spatiaux et identitaires ? En revanche, rien de vraiment nouveau n'est tenté dans la formulation syntaxique. Ce n'est qu'un récapitulatif d'une longue liste de poncifs, topos, stéréotypes qui se redéploye de l'anecdotique aux grands symboles.

Le franco-allemand : la cuisine et la musique

Parmi l'ensemble des relevés constitués, la remarque qui revient le plus souvent concerne la cuisine française : « Les Allemands sont capables de faire un miracle économique, mais non pas la salade » (p. 11). Le domaine de la cuisine parfaite appartient toujours à la France : « ces pommes chips sont remarquables, on connait la bonne façon ici. La double cuisson, voilà ce que c'est. Oui, oui la cuisine française » (p. 64). Il s'agit là de stéréotypes réédités volontairement et ce, en pleine guerre. Idem du côté allemand en ce qui concerne la musique qui, en Allemagne, prime et parachève tout d'une manière aussi ironique comme dans ce contexte d'une rencontre : «Elle trouvait Wilfried trop wagnérien » (p. 37).

Les Français sont donc donnés supérieurs pour le bien-vivre fortement représenté et en premier lieu par la cuisine, le vin et les manières de table. Le livre s'ouvre sur la préparation minutieuse comparée d'une salade de laitue. A travers cet exemple, la France et l'Allemagne en leur entier, se font face : la France centralisée comme la salade à l'assaisonnement conventionnel qui va de soi et l'Allemagne qui se divise en trois sortes de goûts - centrale, sud et nord : « en Allemagne centrale, on la sucre et elle a le goût de vieux gâteau, en Allemagne du Sud, elle est aigre comme l'herbe à lapins et en Allemagne du Nord les ménagères vont jusqu'à y mettre de l'huile de lin » (p. 11). Un consensus s'établit pour garantir à la France une supériorité indéniable malgré le contrepoint paradoxal de l'agent allemand Lieven expert en cuisine, mais il est vrai, au-dessus de la mêlée des combattants. En quelque sorte, le personnage nous rappelle que, quelles que soient les circonstances, les humains sont soumis à l'obligation de manger. Loin de se contenter de décrire un plat, la recette est développée dans son entier avec le plus d'application technique possible, occupant parfois jusqu'à une double page. Le cours de la fiction s'interrompt donc pour laisser place à l'explicitation de la recette de cuisine correspondant à une spécialité et à un leitmotiv du livre. Quel que soit le lieu de contact, le protagoniste propose de faire la cuisine correctement, d'en prendre le temps, à la fois signe de respect des personnes présentes, et d'expressivité de l'humain européen qui démontre qu'un repas est toujours plus qu'un repas : convivialité et élégance, esthétique de l'expression transformante de la banale réalité[112]. Le commentaire ajouté ne laisse pas de doute : « en bons Français, ils savaient rendre honneur à un plat de qualité » (p. 352), c'est-à-dire quand la recette est appliquée avec un maximum de méticulosité. Le repas en France, c'est aussi la conversation : « Il nous invite tous à dîner. Chez moi, dans deux heures. Il dit qu'on pourra causer tranquillement » (p. 351).

La cuisine française n'est pourtant pas la seule à être revendiquée. Les plats allemands les plus méconnus sont parfaitement décrits eux aussi (ce qui ne peut que produire un effet de surprise sur un lecteur français). Les recettes allemandes sont volontairement détaillées à égalité avec celles de la cuisine française, comme deux spécialités possibles, issues de terroirs bien différents. Le potage souabe aux quenelles de foie comme le carré de porc farci à la mode de Westphalie ou encore la soupe aux herbes montrent un état de société différent produisant un réel effet de surprise et contribuant ainsi à faire connaître cette cuisine : « Ce que je préfère, c'est la cuisine française. Mais, je n'ai rien contre l'allemande ! Un jour j'étais

---

[112] Voir Gert von Paczensky/Anna Dünnebier, *Kulturgeschichte des Essens und Trinkens*, Orbis Verlag, München, 1999.

à Münster, j'ai mangé un carré de porc farci, j'en rêve encore !…On va se faire une journée de cuisine allemande » (p. 232). Le savoir-faire, si longtemps éprouvé, change les plats préparés en spécialités culturelles et fait contraste avec les références françaises toutes archiconnues (rôti de veau et pommes frites). Cuisine et bien vivre s'accompagnent inévitablement, ce qui est synonyme pour les Allemands de 'galanterie à la française' ; c'est là un prolongement culturellement logique : « Vive l'amour, vive la France » (p. 350) ! Les Allemands, eux, sont considérés comme trop réservés : « Si nous autres Allemands, on s'intéressait un peu plus aux bonnes femmes, on ferait un peu moins la guerre » (p. 413). Les restaurants, les fleurs, les femmes sont rapportés dans une atmosphère typiquement française, d'une manière récurrente basée sur un savoir-vivre citadin et des jeux sociaux au quotidien : « Ce charme, cette tendresse, il ne peut être que français » (p. 227).

Il arrive qu'un plat ravive des souvenirs du pays et, en conséquence, ranime les conversations politiques. A propos de l'épisode autour de la potée mecklembourgeoise, Thomas captiva un général allemand ignorant qu'il s'adressait, en fait, à un compatriote : « Notre bonne d'enfants venait du Mecklembourg. Sa *speciality* était la potée mecklembourgeoise » (p. 103). Les propos sur la cuisine se tressent à toutes sortes de situations, entre des ordres qui font sourire : « je veux envoyer la recette au sous-chef d'état-major », (p. 104) et des croyances : « Prenez une gorgée de champagne, c'est tonifiant ! » (p. 21).

Bien sûr, le champagne plusieurs fois cité, comme les fleurs, les femmes et l'amour sont au rendez-vous français. En particulier, le champagne représente un symbole incontournable et refait son apparition en toute circonstance marquante. Pour sceller la collaboration avec les services de renseignements français, les paroles significatives accompagnent le vin : « Avant l'arrivée du champagne, permettez-moi de prononcer quelques mots frappés au coin de la sincérité »

p. 70). Le décorum français, puis international est chaque fois souligné : « Il prit deux coupes de champagne sur le lourd plateau d'argent » (p. 133). Au contraire, ce décor solennel peut aussi être rejeté : « le champagne, les fleurs, pourquoi tout cela ? » (p. 477). Tout comme pour les villes représentées par des référents connus de tous, le symbole du champagne est de même exploité comme un code facile à manier, vite mis en place, sans innovations sémantiques, intensifiant aisément une situation tout en soulignant le versant d'origine française. Ce symbole se répète donc tout au long du livre sous forme de connivence avec le lecteur qui n'a aucune peine à identifier, penser ou interpréter ces symboles franco-allemands. Ils se résument dans la conjonction du café noir et du cognac (p. 611).

La référence quasi systématique à la cuisine dans le roman a la même fonction que les conversations soutenant les actions échelonnées à travers les villes européennes : en effet, la conversation, par un tel biais, devient plus personnelle et incite à un échange moins formel, prétexte à toutes sortes de digressions rendant sensible le poids de l'héritage culturel de part et d'autre, qu'il s'agisse de l'Allemagne ou de la France. Les extrapolations entraînent loin du conflit guerrier, en reliant les êtres en tissu de connaissances et d'expressions d'une complexité dont personne n'aurait pris conscience en temps de paix.

Si le domaine de la cuisine convoquait en dominante la France pour le franco-allemand des années 60, c'est celui de la musique qui caractérise l'âme allemande, le domaine d'exaltation de l'idéalisme allemand : « Quand ils viennent d'en prendre plein la gueule, ils jouent du Beethoven » (p. 532). On passe par des raccourcis saisissants : « Bien des assassins jouent du Bach, dans ma patrie » (p. 387). Ce domaine n'est cependant pas autant explicité comme s'il suffisait d'y faire allusion pour se faire comprendre du lecteur : « C'est ça l'idéalisme allemand » (p. 313). Ce laconisme peut être explicité par l'intermédiaire d'Elie Faure qui, dans *Découverte de l'archipel*, passe en revue les caractéristiques européennes. Il s'attarde sur l'*âme allemande* qu'il définit en prise avec le temps : « Cet empire de la musique (...) trésaille et l'architecture apparaît à l'instant précis où l'âme est délivrée de [sa] hantise par son effluve musical qu'elle organise d'un élan. Miracle unique, et capable de justifier à lui seul le subjectivisme de l'Allemagne : ses musiciens seuls entre tous les hommes, ont le pouvoir de faire tenir dans une forme invisible, muette, incolore, impalpable, le monde extérieur entier »[113].

Les stéréotypes

L'utilisation du stéréotype par Simmel revêt des multifonctions. Il est utilisé bien entendu pour identifier Allemands et Français à travers des moules stéréotypés comme d'une part « Organisation allemande ! » (p. 199) et d'autre part « Vive l'amour, vive la France ! » (p. 350), syntagmes qui correspondent à la constitution d'identités sociales d'appartenance à un groupe tout en maintenant ensemble des impressions ressenties. Ce facteur de cohésion permet d'échapper au pathos politique du conflit guerrier. C'est enfin, pour l'écrivain, une manière de se situer entre les deux camps allemand et français, guidé par les stéréotypes sans toutefois échapper à leurs formulations sous forme de clichés à travers des énonciations tant de fois répétées.

Le lecteur, de son côté, absorbe de bonne grâce ces formulations aux aspects figés comme on en voit souvent dans la paralittérature. Il apprécie, grâce à cette façon de procéder de l'auteur, le fait de s'y retrouver si facilement. Les remarques s'assemblent autour des stéréotypes : « Le stéréotype est mis en place à partir d'une véritable activité de déchiffrement qui consiste à trouver les attributs d'un groupe ». En effet, porter un avis défavorable sur les Allemands « par le seul fait de leur appartenance de groupe »[114] permet au lecteur de se réajuster. C'est pourquoi les caractéristiques attribuées aux Allemands et

---

[113] Elie Faure, *Découverte de l'archipel,* Seuil, 1995, p. 197.

[114] Ruth Amossy, Anne Herschberg Pierrot, *Stéréotypes et clichés,* Nathan, 1997, pp. 73 et 35.

aux Français sont reprises en un « répertoire »[115]. On ne peut pas affirmer que les stéréotypes se relient au fonds culturel, ils s'y greffent comme un surgeon sans fondement véritable.

Bien souvent, c'est le retour dans l'ornière rassurante des stéréotypes si facilement et trop souvent convoqués quand il s'agit de l'Allemagne[116] et que la presse française a tant de fois cités également jusqu'aux années 2000[117]. Ce qui revient avec le plus de fréquence, c'est la soumission allemande à l'autorité, l'expression de la violence (« un poing allemand cogna avec fracas sur un bureau de chêne allemand », « la main teutonne », pp. 192 et 97). Encore la tendance, la volonté, l'habitude de trahir dans la figure de l'espion allemand, démentie en même temps par la figure atypique de Lieven qui est déjà franco-allemand avant l'heure. Le goût et l'aptitude à l'organisation, à l'ordre dans tous les domaines ou encore la fascination pour l'érudition à l'allemande (« l'énorme crâne de savant », p. 409) représentée par le livre et la bibliothèque dont le raccourci devient poétique : « Rouges et dorés, bleus, blancs, jaunes et verts, les dos des centaines de volumes contenus dans la bibliothèque luisaient dans la pénombre » (p. 23). Enfin, « l'idéalisme allemand » est plusieurs fois souligné, relié à l'esthétique : « L'Obersturmführer, un esthète blond qui professait une prédilection pour Rilke et le poète Stefan George » (p. 486). Les allusions littéraires, de part et d'autre, sans être très nombreuses sont présentes, par exemple, à travers l'insertion d'une strophe de Brecht, tiré de *l'Opéra de quatre sous* (p. 126).

En revanche, les références à l'histoire pendant l'occupation, la période de Vichy, de la résistance et de la Gestapo sont

[115] Ruth Florack, *Bekannte Fremde. Zu Herkunft und Funktion nationaler Stereotype in der Literatur*, Max Niemeyer Verlag, Tübingen, 2007, p. 3.

[116] Les mots d'argot pour désigner les Allemands sont réitérés : Teutons (p. 97), Boches, sacré Boche (p. 298) et les expressions assimilées s'y ajoutent : « Les lourdes bottes allemandes » (p. 100).

[117] Cf. Jochen Müller, *Von Kampfmaschinen und Ballkünstlern : Fremdwahrnehmung und Sportberichterstattung im deutsch-französischen Kontext ; eine Presse- und Fernsehanalyse*, Röhrig, 2004.

traitées de manière parodique pour mieux en dénoncer l'absurdité. Les réactions instinctives sont toujours dénoncées comme tous les réflexes liés à la haine : toute une gamme d'attitudes entre Allemands et Français est relatée, s'appuyant sur une prise de position de principe patriotique qui se traduit ainsi : « Il y a deux choses au monde que je déteste, la roulette et les Allemands, (...) Vous êtes français, Monsieur. Je sais que vous me comprenez » (p. 169). Or, cette interlocutrice a justement affaire avec l'agent secret allemand Lieven. Ironie facile, certes, que ce rapprochement entre un grand conflit international et un jeu de casino ! C'est que Lieven se met sans cesse en position de révélateur où viennent se refléter les sentiments, les réactions humaines les plus diverses à condition de ne pas entrer dans le jeu social convenu et attendu. C'est dans ce prisme supranational que se déroule tout le conflit franco-allemand. Tout est centré sur un effet d'assemblage qui garantit la compréhension à travers les contradictions : « Vous avez été sauvé grâce à l'aide allemande » (p. 481) ou encore avec humour : « Vous connaissez les façons des Allemands » (p. 301).

Si les prises de position annoncent cependant la réconciliation franco-allemande, le niveau esthétique demeure basique par le fait qu'il repose sur une connivence ou des sous-entendus faciles à approcher au niveau du stéréotype qui ne parvient pas à se muer en innovations syntaxiques. Le lecteur est, de cette façon, maintenu dans un confort linguistique convenu. Depuis longtemps, ces mêmes moules syntaxiques ont été mis en place et, grâce à eux, l'introduction d'un rythme très rapide. De nombreuses variantes peuvent être citées qui ont dû à l'époque alimenter la vie quotidienne : « Comment pouvez-vous aider un Allemand ? Voulez-vous qu'Hitler gagne la guerre ? » (p. 226) ou encore tout simplement : « Je hais tous les Allemands. Thomas Lieven protesta contre une généralisation aussi stupide » (p. 532). Bien entendu, cette fois encore, le personnage ne sait pas qu'il s'exprime en français devant un Allemand. Pendant que la majorité répète : « Pour eux, un Allemand, c'est un Allemand » (p. 442), Lieven cherche une idée pour « faire quelque chose, tout en restant un homme intègre ». Confusion des références : « En me mettant à la place d'un Français je vous comprends très bien » (p. 481) à laquelle Lieven répond : « Sang allemand, sang français, je n'en veux voir couler aucun ». C'est déjà du franco-allemand.

Les épisodes de fiction sont souvent accompagnés de commentaires qui renchérissent et signifient clairement au lecteur le point de vue supranational adopté au nom d'une autre idéologie humaniste comme « citoyen du monde », « vous vous sentez chez vous dans le monde entier, partout où vous avez des amis » (p. 658). Pour être plus clair encore, Thomas Lieven déclare avec provocation en pleine guerre : « Je déteste la violence, je me refuse à toute effusion de sang » (p. 370), de même qu'il refuse de porter un uniforme d'un quelconque pays. Tout annonce déjà l'Europe et l'on frôle la confusion à plusieurs reprises : « Je vous aime bien ! Sincèrement, j'aime aussi la France. Mais je vous le jure dès à présent : si vous m'obligez de nouveau à travailler pour vous, je vous roulerai une fois de plus, car je ne veux nuire à aucun pays, même au mien » (p. 300). La décision personnelle l'emporte sur la politique en en dénonçant l'absurde imbroglio et les conséquences désastreuses en cas de prises de position rigides réitérées. Lieven ne fléchit pas dans son attitude première, courageuse acceptant de montrer la juste voie à chacun.

Pour un lecteur du 21ème siècle[118], ayant intégré l'attitude vitaliste, Thomas Lieven se dessine comme symbole de paix, parmi les horreurs côtoyées. Cela parce qu'il a cherché à échapper à tout systématisme réducteur de la vie. La cuisine allemande n'est plus sentie comme démodée ou plus ancienne mais, une parmi les cuisines du monde réclamant savoir-faire et sociabilité, comme partout. Une composante résiste dans la figure de l'érudit, l'attrait pour le savoir, la culture et les

---

[118] Chantal Horellou-Lafarge, Monique Segré, *Sociologie de la lecture,* La Découverte, 2003.

bibliothèques allemandes. Subsiste aussi de tous ces stéréotypes, le pays de référence de la musique classique. Il n'en demeure pas moins que la mise en scène de la défaite française de cette époque captive comme un roman policier.

Le Bildungsroman

Pour montrer que les clichés réédités dans cet ouvrage font sourire le lecteur franco-allemand d'aujourd'hui, ne faudrait-il pas se reporter à une autre référence que le picaresque, en confrontant cette fois ce livre avec le *Bildungsroman* (ou roman de formation) à travers le personnage principal Lieven qui métamorphose non seulement son entourage mais également le lecteur.

Le personnage du début du roman est confronté à son insu à des complications qui le dépassent et vont l'obliger à composer, à innover, à changer d'identité et surtout à apprendre à survivre. Ce que le narrateur enseigne est hétéroclite : faux passeports de secours, contrebande, cambriolage, la fin victorieuse justifiant toujours tous les moyens. Un monde parallèle, picaresque et formateur, se met progressivement en place en laissant toutefois une place à un idéal de citoyen du monde aux règles immuables rappelées à chaque palier franchi et faisant le point sur les acquis. Les étapes sont clairement indiquées par des prises de position, des prises de conscience qui jalonnent à chaque fois le chemin déjà parcouru : « L'homme vertueux en Thomas Lieven, celui qui aimait la paix et détestait la violence, ne savait tout bonnement pas encore ce que l'avenir lui réservait » (p. 119). Ou encore des expressions comme « Toute cette science lui serait un jour fort utile. Ce sentiment devait se révéler juste à cent pour cent » (p. 237). La prise de conscience du changement s'exprime régulièrement : « Qu'est-ce que j'ai donc fait ? J'étais un honnête homme, un bon citoyen et maintenant (...) » (p. 265). La conclusion qui en est alors donnée : « L'homme est une énigme pour lui-même » (p. 74). Le personnage principal demeure adaptable jusque dans ses identités allemande, française et anglaise, qui lui font acquérir de plus en plus de lucidité. Il cale son accent et ses fautes linguistiques selon les situations et les personnes, de manière à garder la gouvernance et à continuer à tirer les ficelles sans se trahir. Les objectifs se tiennent au niveau supranational jusqu'à l'obtention de 'l'homme véritable' qui a trouvé son équilibre en sachant déchiffrer le monde.

Lieven finit par surmonter les différentes épreuves dressées par chacun des camps en présence et il en ressort, à maturité, comme un être humain en paix et en vie.

Le héros ira donc en se perfectionnant, les différentes épreuves sont à mettre sur le compte de la formation d'apprentissage du super-agent, qui approche la compréhension des systèmes d'écoutes téléphoniques, le principe de précaution, l'acceptation de l'expérience nouvelle qui s'avère souvent utile, sinon salutaire. Mais surtout, Thomas Lieven admet toujours de faire le point avant de continuer, en soulignant les innovations à assumer : « Moi, un homme bien élevé et de bonnes mœurs, me voilà au milieu d'une crasseuse cuisine portugaise » (p. 269). La comparaison peut aussi devenir un facteur de progrès lorsque deux recettes de canard (allemande et française), deux pratiques culturelles sont mises face à face de façon à les jauger comparativement et à les apprécier toutes les deux ! Le *Bildungsroman* s'inscrit, selon la formule originelle du genre instauré par Karl Morgenstern, comme « l'essence du roman par opposition au récit épique »[119]. Le roman d'apprentissage est avant tout un cheminement transfigurateur d'un héros qui atteint, à travers les épreuves et les obstacles, un état supérieur de l'être, un autre registre que celui du commun. Souvent, de tels romans sont tripartites sur un long laps de temps et se répartissent entre les années de jeunesse, les années d'apprentissage, les années de maîtrise qui amènent un équilibre donnant une satisfaction dynamique. C'est toujours l'environnement qui déclenche le processus d'évolution et

[119] Wilhelm Vosskamp, *Die Aktualität der Bildung und ihre Geschichte im Bildungsroman*, Berlin University Press, 2009, p. 130 (« das Wesen des Romans im Gegensatz zum [Epos] am tiefsten erfassenden besonderen Art »).

d'éducation. Autrement dit, des réactions issues de la confrontation entre une individualité et l'entourage. Et des étapes charnières configurent le récit : on passe ici d'un antagonisme à l'unité européenne.

Plus encore, ce but humaniste se justifie dans la *Bildung*, non seulement par le fait d'acquérir de bonnes manières mais de se tenir face au monde, dans le monde, sans y appartenir vraiment, du fait même d'être sensible à « l'énigme du monde » dans toute situation qu'il accepte aussitôt de considérer[120].

La 'formation' n'est pas seulement au cœur du roman, elle est également destinée au lecteur. Cette volonté d'éducation de ce dernier découlerait « du sentiment de supériorité et de l'esprit missionnaire d'un narrateur sûr de lui qui fait valoir son avance éducative sur celle de son héros et celle de son lecteur »[121].

---

[120] Alors qu'au contraire Elsa Jaubert-Michel (« Entre prestige aristocratique et contestation bourgeoise : la tradition du Grand Tour en Allemagne au XVIIIème siècle et son image dans la littérature », dans : *Le chemin, la route, la voie,* op. cit., pp. 245-260) explicite l'importance du *Kavalierstour* au 18ème siècle, qui envoie le jeune homme en France pour se former et qui serait fortement dévié par l'atmosphère française transformant le jeune homme timide et curieux en « débauché, dissimulateur, galant, superficiel » n'ayant fait que progresser en talents mondains, en perdant « décence, honnêteté, sérieux, probité ». Il y a une parenté entre les aventures du *Kavalierstour* et les débuts en France de Thomas Lieven qui se retrouve rapidement méconnaissable. En tout cas, le livre analysé tel qu'il se présente dans une déambulation à travers les villes européennes peut être rattaché à cette tradition qu'il pousse à sa limite, même si désormais toute sentiment d'infériorité, face à son pays, a disparu. En effet, la France est là dans une position inférieure et c'est l'Allemagne, à cette époque, qui est devenue hégémonique. Le thème du voyage perdure même si l'on découvre un nouvel art de voyager. Voir aussi Andreas Rittau, « Le voyageur français comme témoin du divers allemand », dans : Andreas Rittau, *Traversées culturelles franco-allemandes,* L'Harmattan, 2006, 123-131.

[121] Rolf Selbmann, *Der deutsche Bildungsroman,* Stuttgart, 1984, p. 40 : « Es geht um jenes missionarische Überlegenheitsgefühl eines sich seiner selbst bewussten Erzählers, der seinen Bildungsvorsprung gegenüber Held und Leser geltend machen kann ».

Le roman d'apprentissage peut ainsi être considéré du point de vue du lecteur qui va se transformer, tout comme le personnage principal. Pour le lecteur, il va falloir également dépasser l'antagonisme des deux camps vers une interculturalité qui repose sur deux principes : un *modus vivendi* personnel et la réconciliation franco-allemande en toile de fond qui prend racine dans une conduite de vie se résumant facilement : le refus de la haine, des préjugés appris ou ancestraux sans cesse réédités et le savoir acquis de démasquer les pièges de l'existence, tant au niveau politique qu'au niveau privé. Le lecteur devient lui-aussi européen, il acquiert une dimension internationale parce qu'il est confronté à des points de vue nationaux contradictoires ou transnationaux (allemands, français, anglais, espagnols, portugais, russes, américains et est-allemands).

La réconciliation franco-allemande

Bien entendu, c'est la réconciliation franco-allemande laquelle se profile, par le fait même que des pays en guerre ou affrontés restent sans cesse associés, si bien que la première réaction de l'agent-espion consiste à se rire des limites et des frontières et à avoir la capacité de remplacer la guerre par l'expression de réciprocité plaidant en faveur de l'Europe ou en représentant un avant-goût.

Johannes Mario Simmel cherche à installer en Europe un idéal de non violence, de non agression que les Allemands ont justement développé après-guerre au nom de la repentance. Il en appelle aussi - à sa manière - à la fraternité entre les peuples. La voie à trouver est celle de l'interculturel. Tous les passages concernant la réconciliation franco-allemande peuvent être lus dans le sillage des romans de formation. Pour sa part, la *théorie de la réception* par l'horizon d'attente donne une explication au grand nombre de lecteurs allemands de ce livre dans les années 60, prouvant que l'Allemagne tout entière était prête pour cette réconciliation. Les interactions associées à la fois aux circonstances de guerre et à la dynamique de la *Bildung* démontrent favorablement que l'interculturel européen est inévitable : « Thomas vit se précipiter vers l'extrémité basse de la place des centaines de Portugais et de réfugiés autrichiens, allemands, polonais, français, belges, tchécoslovaques, hollandais et danois. Thomas se laissa emporter par la foule » (p. 153). Le plus grand pas en faveur de la restauration de la paix reste encore la démonstration de la symétrie des méthodes militaires : « Les soldats [français] le poussèrent dans le même car malodorant et dépourvu de fenêtre où l'avaient, naguère, poussé des soldats allemands » (p. 529).

Il est certain que ce volumineux roman peut être à bon droit considéré comme un recueil de notations franco-allemandes. Ce face à face franco-allemand est lisible comme un document interculturel, rééditant la plupart des idées reçues sur les deux pays qui, à ce jour, ont heureusement changé. L'Allemagne n'est plus ressentie comme le pays du travail à outrance mais soumise aux mêmes difficultés de chômage que la France. La presse a également fait un effort pour se décaler des stéréotypes dans le cadre du « couple » ou du « moteur » franco-allemand[122]. Ces repères, aussi solides soient-ils, n'ont pas empêché la réconciliation franco-allemande. Au lieu de les nier, l'essai a été tenté de les resouligner pour en reprendre conscience et comprendre que cette base d'échanges existante ne peut être balayée parce qu'inévitable, un stéréotype faisant logiquement place à un autre plus récent. L'emploi systématique du stéréotype forme un socle d'assise pour se projeter et entreprendre de nouvelles étapes. Les remarques sur les deux pays ne sont pas faites de fantaisie ou de hasard, elles reviennent toujours à l'identique comme un ensemble bien constitué de balises toujours à disposition.

D'un autre point de vue, ce roman des années soixante pourrait être relié sous forme d'intertextualité à d'autres romans appartenant à la fois à la tradition du *Schelmenroman* (du

[122] Cf. Andreas Rittau, *Interaction Allemagne-France, les habitudes culturelles d'aujourd'hui en questions*, L'Harmattan, 2003, p. 196.

Simplicissimus de Grimmelshausen jusqu'à la *Blechtrommel* de Grass, les *Ansichten eines Clowns* de Böll ou encore le *Hinze-Kunze-Roman*[123] de Volker Braun) et à la *Bildung* (éventuellement de Peter Handke à Christoph Hein[124]). Ces interactions en modifieraient la lecture. « La réactualisation mémorielle »[125] a consisté en un constat de ce legs entre les deux pays, legs auquel une attention particulière a été accordée, et une vigilance, de manière à ne pas retomber dans l'ornière des clichés qui peut toujours resurgir.

En tout cas, une allégresse européenne se dégage de la relecture de ce roman.

*

Ce roman à succès peut donc être approché et compris à son tour, dans son entier, comme un symbole culturel en avance sur des prises de position étatiques. Le grand nombre de lecteurs prouve que les mentalités étaient prêtes à considérer les nations ennemies d'un point de vue transnational. Voir au-delà des griefs, des destructions, pour envisager une ère/aire nouvelle en direction de l'Europe. Les règles nationales sont battues en brèche au profit d'un objectif de paix durable qui s'est répandu progressivement dans les pays européens. Un idéal de réconciliation est perceptible à l'intérieur de cette fiction, idéal qui se maintient d'un bout à l'autre au-dessus des partis.

---

[123] Eric Guillet par exemple a consacrée sa thèse au *Roman picaresque en RDA* (Peter Lang, 1997) à travers huit romans est-allemands (de Volker Braun, Erwin Strittmatter, Manfred Bieler, Fritz Rudolf Fries, Günter Kunert et Alex Oelschlegel).

[124] Cf. Andreas Rittau, « Malentendus interallemands et interactions manquées dans *Landnahme* de Christoph Hein. Conséquences sur la réception en France », dans : Sidonie Kellerer, Astrid Nierhoff-Fassbender, Alice Perrin-Marsol (Hrsg.), *Missverständnis/Malentendu : Kultur zwischen Kommunikation und Störung*, Königshausen & Neumann, Würzburg, 2008, pp. 49-61.

[125] Tiphaine Samoyault, *L'intertextualité, mémoire de la littérature*, Nathan, 2001, p. 71.

Le *transnationalisme* d'après-guerre a pris diverses formes incorporées dans des agences, des structures, des organismes[126], mais le concept *d'intégration sociétale transnationale* est compris tout entier dans la réception extraordinaire réservée à ce livre. Sur des modes divers, le destin exceptionnel du héros scande le changement de mentalité à l'œuvre et que plus rien ne pourra arrêter, faisant des deux pays en opposition un partenariat basé sur un étroit rapprochement très rarement opéré et perdurant grâce à l'intégration européenne.

C'est un maillon à distinguer sur l'immense chaîne des rapprochements franco-allemands, livre-symbole à part entière auquel on ne peut que réserver une place dans le concert des manifestations culturelles et politiques plus officielles. Livre-prémonitoire du Traité de l'Elysée auquel on aimerait l'associer pour une compréhension, non plus dans le cadre d'une réhabilitation, mais dans une prise en compte de la place qu'il mérite, tiré ainsi du silence universitaire.

La fiction a pris le pas sur la politique et les relations bilatérales qui suivront avec leur cortège institutionnel. Cas exemplaire, significatif d'une mentalité en plein bouleversement induisant « une nouvelle composante dans le processus de formation de l'opinion en matière de politique extérieure faite d'une meilleure compréhension mutuelle comme condition de l'entente »[127].

Apprivoiser ce livre sous l'angle du symbole permet de l'apprécier plus globalement par rapport à la situation politique

---

[126] Cf. Corine Defrance, Ulrich Pfeil, « Comment écrire une histoire transnationale? », dans : Michel Grunewald, Hans Jürgen Lüsebrink (études réunies par), *Deutschland und Frankreich im 20. Jahrhundert. Akademische Wissensproduktion über das andere Land*, Peter Lang, Bern, 2011, pp. 117-134.

[127] Hans Manfred Bock, « Transnationalismus in der Zwischenkriegszeit. Die Berliner Deutsch-Französische Gesellschaft als Beispiel einer folgenreichen zivilgesellschaftlichen Erfindung », dans : Corine Defrance, Michael Kissener, Pia Nordblom (Hrsg.), *Wege der Verständigung zwischen Deutschen und Franzosen nach 1945*, Narr Verlag, Tübingen, 2010, pp. 33-56.

et socioculturelle, au-delà de l'orbite littéraire. En dernière analyse, le personnage principal de ce roman historique peut être lu comme une « fonction symbolique » où « la visibilité l'emporte décidément sur la lisibilité. Le personnage du récit est mis en intrigue en même temps que le sont les événements qui, pris ensemble, constituent l'histoire racontée »[128]. Il s'en dégage alors un mouvement social spontané qui n'avait pas encore été analysé ou détecté dans le cadre des relations franco-allemandes, détecté à la manière de *l'efficacité symbolique*, en d'autres termes comme participatif à l'installation d'un espace d'intersection entre les deux pays. Au-delà de l'efficacité symbolique, l'attention accordée à ce roman permet aussi de l'inscrire plus largement dans une *histoire culturelle* des relations internationales, dimension qui a, pendant longtemps, fait défaut dans ce secteur, alors que désormais « le culturel non seulement y est admis de plain-pied, mais, de surcroit, sa prise en considération contribue à enrichir cette discipline »[129]. Le registre littéraire peut donc, à son tour, également y concourir.

[128] Paul Ricoeur, *La mémoire, l'histoire, l'oubli*, Seuil 2000, p. 342.
[129] Jean-François Sirinelli, « Préface », dans : Denis Rolland (coord.), *Histoire culturelle des relations internationales, carrefour méthodologique*, L'Harmattan, 2004, pp. 7-11.

Epilogue

Que cette étude succincte, organisée autour de l'approche symbolique, souligne encore la fécondité du Traité de l'Elysée qui a rendu possible tant de démarches en totalisant tant de travaux, d'échanges, de mobilité, de connaissance mutuelle toujours à renouveler.

Certes, les deux pays ont beaucoup changé et changent à l'instant sous nos yeux. Même si l'Europe n'occupe plus dans le monde une position hégémonique, phénomène que l'on tarde à constater officiellement, le point de vue franco-allemand continue cependant d'attirer l'attention : anciens ennemis mais aussi, plus anciennement encore, tribus apparentées. Si des contributions originales n'émergent plus en assez grand nombre - et l'anniversaire du traité est une occasion de le rappeler - le risque de retour, à l'autre case négative, existe. Un risque probable, comme on le voit à travers une alternance très rapide des mouvements d'opinions, capables de se renverser, de s'inverser : agacement, indifférence, enthousiasme se succèdent et se répercutent dans le transnational qui s'opère au-delà de la donnée du « couple ».

La conclusion s'impose de ne pas abandonner au tout économique, aux banques et à leurs procédés (les agences de notation qui envahissent tous les secteurs d'activité) le devenir franco-allemand. Les composantes culturelles et interculturelles possèdent aussi leur encrage, des émulations et des essaimages de réseaux originaux. Le recours aux symboles aide à changer les critères d'appréciation de manière à implanter le renouveau d'une étape encore indéfinissable dans le contexte politique actuel.

Le tout comparatif économique, dont se sont emparés les médias, ne correspond pas à une perspective féconde à longs termes. Des symboles interculturels existent. Et ils ont été ici récapitulés d'une manière détaillée, mais d'autres sont, il est vrai, en voie de formation…

Bibliographie

Maurice Agulhon, *Les métamorphoses de Marianne, l'imagerie et la symbolique républicaines de 1914 à nos jours*, Flammarion, 2001

Marianne Amar, Marie Poinsot, Catherine Wihtol de Wenden (sous la direction de), *A chacun ses étrangers ? France-Allemagne de 1871 à aujourd'hui*, (catalogue de l'exposition), Actes Sud/Cite Nationale de l'Histoire de l'Immigration, 2009

Ruth Amossy/Anne Herschberg-Pierrot, *Stéréotypes et clichés*, Nathan, 1997

Claire Aslangul, « De la haine héréditaire à l'amitié indéfectible. Quelques images-symboles de la relation France-Allemagne, 1870-2009 », dans : *Revue historique des armées*, 256, 2009, pp. 3-13

Claire Aslangul, *Représentations de la guerre chez les peintres, graveurs et dessinateurs allemands au XXe siècle, dans le contexte européen. Traditions, évolutions et ruptures dans les codes iconographiques,* thèse, 2 tomes, EPHE, 2003

Jan Assman, *Das kulturelle Gedächtnis*, Beck, 2007

Florence Bancaud-Maën, *Le roman de formation au XVIIIe siècle en Europe*, Nathan, 1998

Marie Baumgartner, « A chacun ses étrangers, France-Allemagne depuis 1870 », dans : *Documents*, n° 2, 2009, pp. 69-71

Hans Manfred Bock, *Topographie deutscher Kulturvertretung im Paris des 20. Jahrhunderts*, Narr, 2010

Hans Manfred Bock, « Transnationalismus in der Zwischenkriegszeit. Die Berliner Deutsch-Französische Gesellschaft als Beispiel einer folgenreichen zivilgesellschaftlichen Erfindung », dans : Corine Defrance, Michael Kissener, Pia Nordblom (Hrsg.), *Wege der Verständigung zwischen Deutschen und Franzosen nach 1945*, Narr Verlag, Tübingen, 2010, pp. 33-56

Laurence Dahan-Gaïda, « Introduction », dans : Laurence Dahan-Gaïda (dir.), *Dynamiques de la mémoire. Arts, savoirs, histoire*, PuFC, 2010, pp. 9-22

Baudouin Decharneux et Luc Nefontaine, *Le symbole*, Puf, 1998

Elisabeth Décultot, Michel Espagne et Jacques Le Rider (sous la direction de), *Dictionnaire du monde germanique*, Bayard, 2007

Corine Defrance, Ulrich Pfeil, « Comment écrire une histoire transnationale? », dans : Michel Grunewald, Hans Jürgen Lüsebrink (études réunies par), *Deutschland und Frankreich im 20. Jahrhundert.*

Akademische Wissensproduktion über das andere Land, Peter Lang, Bern, 2011, pp. 117-134

Corine Defrance, Ulrich Pfeil, *Entre guerre froide et intégration européenne. Reconstruction et rapprochement 1945-1963*, Presses universitaires du Septentrion, 2011

Claire Demesmay/Julien Thorel, « Au jardin des incertitudes : la mémoire française des relations franco-allemandes », dans : *Allemagne d'aujourd'hui*, n° 189, juillet-septembre 2009, pp. 252-264

Karen Denni, *Rheinüberschreitungen-Grenzüberwindungen, die deutsch-französische Grenze und ihre Rheinbrücken (1861-2006)*, UVK Verlagsgesellschaft, Konstanz, 2008

Gilbert Durand, *L'imagination symbolique*, Puf, 2003

Wolfgang Essbach, « Vorübungen für 2012. Peter Sloterdijk und die Aufhebung der deutsch-französischen Überbeziehung », dans : Rolf G. Renner, Fernand Hörner (Hrsg.), *Deutsch-französische Berührungs-und Wendepunkte*, Frankreich-Zentrum, Freiburg 2009, pp. 75-84

Michel Espagne, « Problèmes d'histoire interculturelle », dans : *Revue germanique internationale*, 4/1995, pp. 5-24

Elie Faure, *Découverte de l'archipel,* Seuil, 1995

Paul Fischer, *Die deutsch-französischen Beziehungen im 19. Jahrhundert im Spiegel des französischen Wortschatzes*, Peter Lang, Frankfurt am Main, 1991

Ruth Florack, *Bekannte Fremde. Zu Herkunft und Funktion nationaler Stereotype in der Literatur*, Max Niemeyer Verlag, Tübingen, 2007

Etienne François, « Mémoires divisées, mémoire partagées : à la recherche des mémoires allemandes », dans : Etienne François et Hagen Schulze (sous la direction de), *Mémoires allemandes*, Gallimard, 2007, pp. 9-28

Etienne François, Hagen Schulze (sous la direction de), *Deutsche Erinnerungsorte*, 3 tomes, München, Beck 2003

Laurent Gervereau (sous la direction de), *Dictionnaire mondial des images*, Nouveau Monde éditions, 2006

Raoul Girardet, *Mythes et mythologiques politiques*, Seuil, 1986

Jacques-Pierre Gougeon, *France-Allemagne : une union menacée ?*, Armand Colin, 2012

Eric Guillet, *Roman picaresque en RDA,* Peter Lang, 1997

Chantal Horellou-Lafarge, Monique Segré, *Sociologie de la lecture,* La Découverte, 2003

Wolfgang O. Hugo, « Das Lutetia wird 100. Bewegtes und bewegendes Schicksals eines Grandhotels », dans : *Dokumente, Zeitschrift für den deutsch-französischen Dialog*, 3/2010, pp. 87-88

Christian Jacob (sous la direction de), *Lieux de savoir, Espaces et communautés*, Albin Michel, 2007, pp. 17-40

Jürgen Jacobs, « Bildungsroman und Pikaroman. Versuch einer Abgrenzung » dans : Gerhart Hoffmeister (hersg. von), *Der moderne deutsche Schelmenroman. Interpretationen*, Rodopi, Amsterdam, 1986, pp. 9-18

Elsa Jaubert-Michel, « Entre prestige aristocratique et contestation bourgeoise : la tradition du Grand Tour en Allemagne au XVIIIème siècle et son image dans la littérature », dans : *Le chemin, la route, la voie, Figures de l'imaginaire occidental à l'époque moderne,* PUPS, 2005, pp. 245-260

Michael Jeismann, *Das Vaterland der Feinde, Studien zum nationalen Feindbegriff und Selbstverständnis in Deutschland und Frankreich 1792-1918*, Klett, Stuttgart, 1992

Denise Jodelet (sous la direction de), *Les représentations sociales*, Puf, 2007

Joseph Jurt, « Symbolische Repräsentationen nationaler Identität in Frankreich und Deutschland nach 1789 », dans : Ruth Florack (Hg.), *Nation als Stereotyp, Fremdwahrnehmung und Identität in deutscher und französischer Literatur*, Niemeyer Verlag, Tübingen, 2000, pp. 115-140

Joseph Jurt, « Le couple franco-allemand », dans : Jean-Noël Jeanneney (sous la direction de), *Une idée fausse est un fait vrai, les stéréotypes nationaux en Europe*, Odile Jacob, 2000, pp. 103-115

Odile Kammerer, *Entre Vosges et Forêt-Noire, Pouvoirs, terroirs et villes de l'Oberrhein 1250-1350*, Publications de la Sorbonne, 2002

Thomas Keller, « Deutsch-französische Beziehungen - Jetzt erst recht », dans : Rolf G. Renner, Fernand Hörner (Hrsg.), *Deutsch-französische Berührungs-und Wendepunkte*, Frankreich-Zentrum, Freiburg, 2009, pp. 85-92

Thomas Keller, Jean-Marie Guillon, « Du lieu de migration au lieu de commémoration - du lieu de commémoration au lieu de migration », dans : *Cahiers d'études germaniques* (Lieux de mémoires franco-allemandes, Etudes réunies par Thomas Keller), n° 53, 2007, pp. 7-21

Richard Kleinschmager, « Les nouveaux rapports de l'Alsace et de l'Allemagne », dans : *Hérodote*, n° 80, (1/1996), pp. 156-174

Stéphanie Krapoth, *France-Allemagne : représentations réciproques. Manuels scolaires et journaux satiriques, de 1918 au milieu des années 1960*, Editions universitaires européennes, 2010

Stéphanie Krapoth, *France-Allemagne, Du duel au duo, de Napoléon à nos jours*, Privat, 2005

Guido Kreis, *Cassirer und die Formen des Geistes*, Suhrkamp, 2009

Brigitte Krulic, *Europe, Lieux communs, Cafés, gares, jardins publics...*, Autrement, 2004

Soline Laplanche-Servigne, « Couples franco-allemands. Deutsch-französische Paare », dans : Isabelle Guinaudeau, Astrid Kufer (sous la direction de), *Dictionnaire des relations franco-allemandes*, Presses universitaires de Bordeaux, 2009, pp. 70-71

Françoise Lartillot, « Du mythe aux histoires 'symboliques', la méthode Elias », dans : Françoise Lartillot (Coord.), *Norbert Elias : Etudes sur les Allemands*, L'Harmattan, 2009, pp. 7-14

Stefan Martens, « De l'Erbfeindschaft à la réconciliation. Le Traité de L'Elysée. Portée et limites », dans : *Allemagne d'aujourd'hui*, hors série (mai 2006), pp. 36-51

Jacques Leenhardt et Robert Picht (textes édités par), *Au jardin des malentendus, le commerce franco-allemand des idées*, Babel, 1997, et *Fremde Freunde, Deutsche und Franzosen vor dem 21. Jahrhundert,* Piper, 1997

Hélène Miard-Delacroix, *Le défi européen de 1963 à nos jours*, Presses universitaires du Septentrion, 2011

Horst Möller et Jacques Morizet (sous la direction de), *Allemagne-France, lieux et mémoire d'une histoire commune*, Albin Michel, 1995, en allemand : *Franzosen und Deutsche. Orte der gemeinsamen Geschichte*, München, Beck, 1996

Marianne et Germania, 1789-1889, un siècle de passions franco-allemandes, catalogue de l'exposition, Les musées de la ville de Paris, 1997

Dietrich Mühlberg, « Les objets du quotidien : des lieux de mémoire ? Spécificités des cultures mémorielles est-allemandes », dans : *Allemagne d'aujourd'hui*, n° 173, juillet-septembre 2005, pp. 6-25

Jochen Müller, *Von Kampfmaschinen und Ballkünstlern : Fremdwahrnehmung und Sportberichterstattung im deutsch-*

französischen Kontext ; eine Presse- und Fernsehanalyse, Röhrig, 2004

Herfried Münkler, *Die Deutschen und ihre Mythen*, Berlin, Rowohlt, 2009

Gérard Namer, « Réflexion sur la sociologie du temps de Maurice Halbwachs », dans : Bruno Péquignot (sous la direction de), *Maurice Halbwachs : le temps, la mémoire et l'émotion*, L'Harmattan, 2007, pp. 53-72

Magali Nieradka, *Die Hauptstadt der deutschen Literatur : Sanary-sur-mer als Ort des Exils deutschsprachiger Schriftsteller*, V&R unipress, 2010

Magali Laure Nieradka, « Sanary-sur-Mer balisé - un lieu de commémoration franco-allemand par excellence ? », dans : *Cahiers d'études germaniques*, n° 53, 2007, pp. 79-93

Pierre Nora (sous la direction de), *Les lieux de mémoire*, Quarto, Gallimard, 3 tomes, 1997

Chrystelle Nourry, *Le couple franco allemand : un symbole européen,* Bruylant, 2005

Pascal Ory, « Pour une histoire des politiques symboliques », dans : Pascal Ory, *La culture comme aventure*, Editions Complexe, 2008, pp. 71-86

Gert von Paczensky/Anna Dünnebier, *Kulturgeschichte des Essens und Trinkens*, Orbis Verlag, München, 1999

Marc-Olvier Padis, « France-Allemagne : qui esquive ses responsabiltés ? », dans : *Esprit*, n° 379, novembre 2011, pp. 127-133

Werner Paravicini et Michael Werner, éd. par, *Deutsch-französische Geschichte*, 11 tomes, Wissenschaftliche Buchgesellschaft, Darmstadt, 2005-2014

Michel Pastoureau, *Les emblèmes de la France*, Editions Bonneton, 2001

Ulrich Pfeil, « Mythes et tabous des relations franco-allemandes au XXe siècle », dans : Ulrich Pfeil (Hrsg.), *Mythen und Tabus der deutsch-französischen Beziehungen im 20. Jahrhundert*, Peter Lang, Bern, 2012, pp. 273-280

Jacques Poumet, « Présentation », dans : *Allemagne d'aujourd'hui* (Lieux de mémoire dans les nouveaux Länder allemands, sous la direction de Jacques Poumet) n° 173, juillet-septembre 2005, pp. 3-6

Martin Raether, « Un revers de deux médailles ? Le manuel d'histoire franco-allemand », dans : *Francia, Forschungen zur westeuropäischen Geschichte*, Bd 35, 2008, pp. 585-591

Hartmut Rosa, *Beschleunigung. Die Veränderung der Zeitstrukturen in der Moderne*, Suhrkamp, Frankfurt, 2005 (en français : *Accélération, une critique sociale du temps,* La Découverte, 2010, traduit par Didier Renault)

Antonio Rafele, *La métropole, Benjamin et Simmel*, CNRS-Edition, 2010

Paul Ricoeur, *La mémoire, l'histoire, l'oubli*, Seuil, 2000

Andreas Rittau, « Pour une étude des symboles franco-allemands », dans : *Cahier d'Histoire immédiate*, n° 37-38, 2010, pp. 189-216

Andreas Rittau, « Malentendus interallemands et interactions manquées dans *Landnahme* de Christoph Hein. Conséquences sur la réception en France », dans : Sidonie Kellerer, Astrid Nierhoff-Fassbender, Alice Perrin-Marsol (Hrsg.), *Missverständnis/Malentendu : Kultur zwischen Kommunikation und Störung*, Königshausen & Neumann, Würzburg, 2008, pp. 49-61

Andreas Rittau, « Représentations iconiques de l'Allemagne à travers les photos de presse du journal *Le Monde* (2005-2007), Analyse du couple franco-allemand », dans : *Communication & langages*, n° 156, 2008, pp. 91-102

Andreas Rittau, « Penser la recherche interculturelle franco-allemande : entre visée présentielle et tendance communicative », dans : Andreas Rittau, *Traversées culturelles franco-allemandes*, L'Harmattan, 2006, pp. 13-63

Andreas Rittau, « Activer l'interculturel franco-allemand », dans : *Lendemains, Vergleichende Frankreichforschung*, n° 122/123, 1-2006, pp. 201-235

Andreas Rittau, « Installation transfrontalière franco-allemande et le *Jardin des deux Rives* à Strasbourg-Kehl », dans : *Documents-Revue des questions allemandes*, n° 4, 2004, pp. 54-56

Andreas Rittau, *Interaction Allemagne-France, les habitudes culturelles d'aujourd'hui en questions*, L'Harmattan, 2003

Walburga Sarcher, « Le vocabulaire français d'origine allemande dans les dictionnaires existants », dans : *La linguistique*, 2003/1, 39, pp. 169-172

Hagen Schulze, *Staat und Nation in der europäischen Geschichte*, Beck, 2004

Tiphaine Samoyault, *L'intertextualité, mémoire de la littérature*, Nathan, 2001

Lucien Sfez, *La symbolique politique*, Puf, 1988

Georg Simmel, *Les grandes villes et la vie de l'esprit,* L'Herne, 2007

Jean-François Sirinelli, « Préface », dans : Denis Rolland (coord.), *Histoire culturelle des relations internationales, carrefour méthodologique*, L'Harmattan, 2004, pp. 7-11

Peter Sloterdijk, *Theorie der Nachkriegszeiten, Bemerkungen zu den deutsch-französischen Beziehungen seit 1945*, Suhrkamp, Frankfurt am Main, 2008

Stiftung Haus der Geschichte der Bundesrepublik Deutschland, *Flagge zeigen ? Die Deutschen und ihre Nationalsymbole. Begleitbuch zur Ausstellung* (du 5 décembre 2008 au 13 avril 2009), Kerber Verlag 2008

Peter Stockinger, *Les sites Web, conception, description et evaluation*, Lavoisier, 2005

Johannes Thiele, « Deutsch-französische Lehnbeziehungen », dans : Ingo Kolboom, Edward Reichel (Hg.), *Handbuch Französisch*, Erich Schmidt Verlag, Berlin, 2008, pp. 216-222

Anne-Marie Thiesse, *La création des identités nationales,* Seuil, 2001

Kathrin Uhde, *Karambolage oder die deutsch-französischen Eigenarten mit fremden Augen sehen : eine interkulturelle Fernsehanalyse*, Avinus-Verlag, Berlin, 2006

Jean-Marie Valentin, « Les *Itineraria Galliae* dans l'empire du XVIIème siècle », dans : Marie-Madeleine Martinet, Francis Conte, Annie Molinié, Jean Marie Valentin (dir.), *Le chemin, la route, la voie, Figures de l'imaginaire occidental à l'époque moderne,* PUPS, 2005, pp. 193-208

Ville de Sanary sur Mer, *Sur les pas des Allemands en exil à Sanary 1933-1945*, Imprimerie Hemisud, 2004

Wilhelm Vosskamp, *Die Aktualität der Bildung und ihre Geschichte im Bildungsroman*, Berlin University Press, 2009

Ulrike Voswinckel et Frank Berninger, *Exils méditerranéens, écrivains allemands dans le sud de la France (1933-1941)*, Seuil, 2009

Michael Werner/Bénédicte Zimmermann, « Penser l'histoire croisée : entre empirie et réflexivité », dans : Michael Werner, Bénédicte Zimmermann (sous la direction de), *De la comparaison à l'histoire croisée*, Seuil, 2004, pp. 15-49

Tables des matières

L'HARMATTAN, ITALIA
Via Degli Artisti 15; 10124 Torino

L'HARMATTAN HONGRIE
Könyvesbolt ; Kossuth L. u. 14-16
1053 Budapest

ESPACE L'HARMATTAN KINSHASA
Faculté des Sciences sociales,
politiques et administratives
BP243, KIN XI
Université de Kinshasa

L'HARMATTAN CONGO
67, av. E. P. Lumumba
Bât. – Congo Pharmacie (Bib. Nat.)
BP2874 Brazzaville
harmattan.congo@yahoo.fr

L'HARMATTAN GUINÉE
Almamya Rue KA 028, en face du restaurant Le Cèdre
OKB agency BP 3470 Conakry
(00224) 60 20 85 08
harmattanguinee@yahoo.fr

L'HARMATTAN CAMEROUN
BP 11486
Face à la SNI, immeuble Don Bosco
Yaoundé
(00237) 99 76 61 66
harmattancam@yahoo.fr

L'HARMATTAN CÔTE D'IVOIRE
Résidence Karl / cité des arts
Abidjan-Cocody 03 BP 1588 Abidjan 03
(00225) 05 77 87 31
etien_nda@yahoo.fr

L'HARMATTAN MAURITANIE
Espace El Kettab du livre francophone
N° 472 avenue du Palais des Congrès
BP 316 Nouakchott
(00222) 63 25 980

L'HARMATTAN SÉNÉGAL
« Villa Rose », rue de Diourbel X G, Point E
BP 45034 Dakar FANN
(00221) 33 825 98 58 / 77 242 25 08
senharmattan@gmail.com

L'HARMATTAN TOGO
1771, Bd du 13 janvier
BP 414 Lomé
Tél : 00 228 2201792
gerry@taama.net

591045 - Décembre 2014
Achevé d'imprimer par

1livre.com
du rêve à la réalité !